KB163390

나만의 일본 여행 일본어

저자 이은미

다락원

우리나라와 일본은 지리적으로 가까우며, 정치·경제·역사·문화적으로도 떼려야 뗄 수 없는 밀접한 관계를 맺고 있습니다. 그러기에 시대를 막론하고 한국 사람들의 '일본'이라는 나라에 대한 관심은 많을 수밖에 없지요. '여행'이라는 관점에서 볼 때 일본은 그야말로 매력이 넘치는 여행지입니다. 지역별 특성이 가득한 볼거리, 한국인의 입맛에 맞는 다양한 먹거리, 친절한 사람들과 깨끗한 거리, 전통 문화와 현대 문화의 조화로움…. 게다가 지리적으로도 가까워서 마음만 먹으면 쉽게 떠날 수 있는 곳이기도 합니다. 그런데, 막상 일본 여행을 가자니 일본어로 어떻게 의사소통을 해야 할지 걱정되셨지요?

사실 일본어를 교육하는 사람인 제 입장에서는 긴 시간과 노력을 쏟아 차근차근 일본어의 기초부터 시작하여 문법까지 마스터한 일본어 실력으로 자연스럽게 일본 사람과 의사소통을 하는 것이 가장 바람직하지 않을까 생각하기도 합니다. 하지만, 여행자를 위한 일본어는 조금 달라도 좋겠다는 생각을 했습니다. '여행자를 위한 일본어'는 현지 사람들과 직접 대화를 나누는 재미를 느끼게 하며, 여행을 보다 즐겁고 편안하게 만들어 줄 '간편한 도구'로서 공부해야 한다는 생각을 말이죠.

이 책은 여행에서 자주 쓰이는 일본어 표현들을 단어-패턴-문장-회화 순으로 익히는 것을 목표로 하고 있습니다. 또한 주제별, 상황별로 풍성한 일본어 표현을 제시하였고, 내가 여행에서 사용하는 문장뿐만 아니라 상대방이 사용하는 문장까지 제시하였기에 실제 여행에서 정말 유용하게 활용할 수 있을 겁니다. 참고로 일본어의 한글 발음은 '외래어 표기법' 및 '일본어 발음 기호'를 참고하되, 최대한 실제 발음과 유사하게 표기하고자 하였습니다. 아무쪼록 이 책이 여러분의 소중한 일본 여행을 보다 재미있고 편안하게 해 드릴 수 있었으면 좋겠습니다.

마지막으로 이 책이 기획되어 출간되기까지 많은 지원과 조언을 아끼지 않으신 다락원 일본어 출판부 여러분께 진심으로 감사의 말씀을 전합니다. 더불어 명지대학교 일어일문학과의 첫 제자인 이지현 다락원 편집자와 함께 작업할 수 있어서 정말 뜻깊은 시간이었습니다. 이 자리를 빌려 고마운 마음을 전합니다.

저자 **이은미**

이 책의 구성과 특징

이 책의 각 PART는 여행에서 마주치는 여러 상황들로 구성하였으며, 각 상황은 알고 있나요?, 이 단어를 따라오세요, 이 패턴을 따라오세요, 이럴 때, 어떻게 말하나요?, 더 알아봅시다, 회화로 연습해 봅시다, 쉬어갑시다로 구성되어 있습니다. 여행에서 자주 쓰는 일본어 표현들을 단어-패턴-문장-회화 순으로 연습하며 단계별로 학습할 수 있습니다.

알고 있나요?

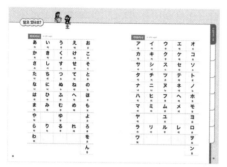

❶ PART 0 일본어의 기초에서는 일본어의 글자와 숫자, 시간 표현 등 기본적인 일본어 표현을 공부합니다.

❷ 그림을 통해 여행에서 자주 마주치는 표지판, 안내판, 메뉴판 등에서 보이는 단어를 확인해 봅시다.

이 단어를 따라오세요

각 상황에서 자주 쓰이는 필수 단어를 정리하였습니다.

이 패턴을 따라오세요

❶ 각 상황에 맞는 핵심 문형을 익힙니다.

❷ 아래의 단어를 활용해 반복하여 연습해 봅시다.

이럴 때, 어떻게 말하나요?

❶ 여행지에서 필요한 다양한 표현들을 장소와 상황별로 나눠 익힙니다.

❷ 💬는 내가 여행에서 하게 될 말이며, 💬는 여행에서 내가 상대에게 자주 듣게 될 말입니다.

❸ 문장에 쓰인 단어에 대한 추가 해설과 함께 쓸 수 있는 표현, 여행자를 위한 팁도 간단히 소개합니다.

❹ 〈실력 UP〉을 통해 공손한 경어 표현을 배워 봅시다.

더 알아봅시다

각 상황에서 여행자에게 도움이 될 유용한 단어를 소개하고, 본문에 대한 보다 자세한 설명을 실었습니다.

회화로 연습해 봅시다

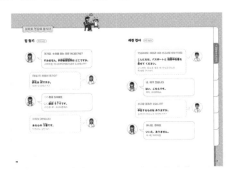

상황별 회화를 통해 핵심 문형과 단어를 다시 한번 연습할 수 있습니다.

쉬어갑시다

한 PART를 마치고 가볍게 읽기 좋은 재미있는 일본의 문화와 일본 여행에 도움이 될 정보를 소개합니다.

일러두기

❶ 본래 일본어에서는 한국어와 달리 띄어쓰기를 하지 않지만, 일본어 입문자의 일본어 문장 구조의
이해를 돕기 위해 띄어쓰기를 하였습니다.

❷ 일본어의 한글 발음은 외래어 표기법과 일본어 발음 기호를 참고하되, 최대한 실제 발음과 유사하게
표기하였습니다. 정확한 발음은 MP3 음성으로 확인해 주시길 바랍니다.

❸ 한글 발음에서 일본어의 장음은 "-"로 표기하였습니다.

일본 여행을 위한 여행 플래너입니다. 여행을 떠나기 전, 즐겁게 여행을 계획하고 여행에서 함께하며 나만의 여행을 기록해 보세요.

온라인 무료 다운로드

· **여행 플래너 템플릿(PDF 파일)과 템플릿용 스티커(jpg)**

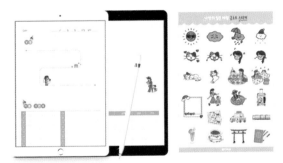

별책의 여행 플래너를 스마트폰, 태블릿 PC 등 다양한 방법으로 활용할 수 있도록 pdf 파일과 템플릿용 스티커를 제공합니다. 다락원 홈페이지에 접속하면 회원 가입을 통해 내려받을 수 있습니다.

· **MP3 파일**

스마트폰을 사용해 우측과 표지, 표지 안쪽의 QR코드를 찍으면 다락원 홈페이지로 이동하여 바로 음성을 듣거나 다운로드 받을 수 있습니다.

PC를 사용해 다락원 홈페이지(www.darakwon.co.kr)에서 회원 가입 후 MP3 파일을 무료로 다운로드 받을 수 있습니다.

차례

PART 03 식당에서

PART 04 가게에서

PART 05 관광지에서

PART 06 긴급 상황 시에

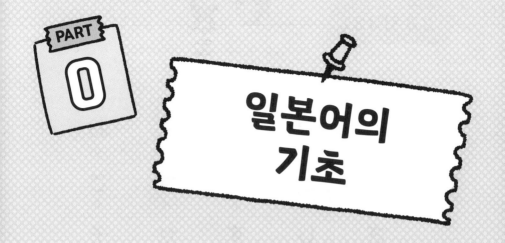

PART 0

일본어의 기초

히라가나 0-001.mp3

あ 아	い 이	う 우	え 에	お 오
か 카	き 키	く 쿠	け 케	こ 코
さ 사	し 시	す 스	せ 세	そ 소
た 타	ち 치	つ 츠	て 테	と 토
な 나	に 니	ぬ 누	ね 네	の 노
は 하	ひ 히	ふ 후	へ 헤	ほ 호
ま 마	み 미	む 무	め 메	も 모
や 야		ゆ 유		よ 요
ら 라	り 리	る 루	れ 레	ろ 로
わ 와				を 오
				ん 응

가타카나　0-002.mp3

ア	イ	ウ	エ	オ
아	이	우	에	오
カ	キ	ク	ケ	コ
카	키	쿠	케	코
サ	シ	ス	セ	ソ
사	시	스	세	소
タ	チ	ツ	テ	ト
타	치	츠	테	토
ナ	ニ	ヌ	ネ	ノ
나	니	누	네	노
ハ	ヒ	フ	ヘ	ホ
하	히	후	헤	호
マ	ミ	ム	メ	モ
마	미	무	메	모
ヤ		ユ		ヨ
야		유		요
ラ	リ	ル	レ	ロ
라	리	루	레	로
ワ				ヲ
와				오
				ン
				응

0-003.mp3

「か·さ·た·は」행 글자의 오른쪽 위에 탁점(゛)을 붙인 음을 탁음, 「は」행 글자의
오른쪽 위에 반탁점(゜)을 붙인 음을 반탁음이라고 합니다.

が 가	ぎ 기	ぐ 구	げ 게	ご 고
ざ 자	じ 지	ず 즈	ぜ 제	ぞ 조
だ 다	ぢ 지	づ 즈	で 데	ど 도
ば 바	び 비	ぶ 부	べ 베	ぼ 보
ぱ 파	ぴ 피	ぷ 푸	ぺ 페	ぽ 포

탁음과 반탁음 0-003.mp3

ガ 가	ギ 기	グ 구	ゲ 게	ゴ 고
ザ 자	ジ 지	ズ 즈	ゼ 제	ゾ 조
ダ 다	ヂ 지	ヅ 즈	デ 데	ド 도
バ 바	ビ 비	ブ 부	ベ 베	ボ 보
パ 파	ピ 피	プ 푸	ペ 페	ポ 포

0-004.mp3

글자 「き・し・ち・に・ひ・み・り・ぎ・じ・び・ぴ」 옆에 「や」, 「ゆ」, 「よ」를 작게 붙여
같이 발음하는 것을 요음이라고 합니다.

きゃ	きゅ	きょ	にゃ	にゅ	にょ
캬	큐	쿄	냐	뉴	뇨
しゃ	しゅ	しょ	ひゃ	ひゅ	ひょ
샤	슈	쇼	햐	휴	효
ちゃ	ちゅ	ちょ	みゃ	みゅ	みょ
챠	츄	쵸	먀	뮤	묘

りゃ	りゅ	りょ	びゃ	びゅ	びょ
랴	류	료	뱌	뷰	뵤
ぎゃ	ぎゅ	ぎょ	ぴゃ	ぴゅ	ぴょ
갸	규	교	퍄	퓨	표
じゃ	じゅ	じょ			
쟈	쥬	죠			

요음 0-004.mp3

キャ 캬	キュ 큐	キョ 쿄	ニャ 냐	ニュ 뉴	ニョ 뇨
シャ 샤	シュ 슈	ショ 쇼	ヒャ 햐	ヒュ 휴	ヒョ 효
チャ 챠	チュ 츄	チョ 쵸	ミャ 먀	ミュ 뮤	ミョ 묘

リャ 랴	リョ 류	リョ 료	ビャ 뱌	ビュ 뷰	ビョ 뵤
ギャ 갸	ギュ 규	ギョ 교	ピャ 퍄	ピュ 퓨	ピョ 표
ジャ 쟈	ジュ 쥬	ジョ 죠			

「か・ぱ・さ・た」행 글자 앞에 「っ」를 작게 적어 한국어의 받침과 유사한 역할을 하는 음을 촉음이라고 합니다.

예)

いっかい	익까이	1층
きっぷ	킵뿌	표
ざっし	잣씨	잡지
きって	킷떼	우표
チェックイン	첵크잉	(숙소) 체크인
メッセージ	멧쎄-지	메시지

tip

「メッセージ(멧쎄-지)」에서 [쎄-]는 [쎄]를 한 박자 길게 발음하라는 뜻입니다.

숫자 *0-006.mp3*

1	2	3	4	5
いち 이치	**に** 니	**さん** 상	**し / よん** 시 / 용	**ご** 고
6	7	8	9	10
ろく 로쿠	**しち / なな** 시치 / 나나	**はち** 하치	**きゅう / く** 큐- / 쿠	**じゅう** 쥬-

> **tip**
>
> 10 이상의 숫자는 1~10을 잘 활용하면 말할 수 있어요.
>
> 예) 15 = 10 (じゅう) + 5 (ご) = **じゅうご** 쥬-고
> 　　34 = 3 (さん) × 10 (じゅう) + 4 (よん) = **さんじゅうよん** 상쥬-용

조수사(~개) *0-006.mp3*

1개	2개	3개	4개	5개
ひとつ 히토쯔	**ふたつ** 후타쯔	**みっつ** 밋쯔	**よっつ** 욧쯔	**いつつ** 이쯔쯔
6개	7개	8개	9개	10개
むっつ 뭇쯔	**ななつ** 나나쯔	**やっつ** 얏쯔	**ここのつ** 코코노쯔	**とお** 토-

조수사(~장: 枚) *0-006.mp3*

1장	2장	3장	4장	5장
いちまい 이치마이	**にまい** 니마이	**さんまい** 삼마이	**よんまい** 욤마이	**ごまい** 고마이

6장	7장	8장	9장	10장
ろくまい 로쿠마이	**ななまい** 나나마이	**はちまい** 하치마이	**きゅうまい** 큐-마이	**じゅうまい** 쥬-마이

조수사(~병, 자루: 本) *0-006.mp3*

1병	2병	3병	4병	5병
いっぽん 입뽕	**にほん** 니홍	**さんぼん** 삼봉	**よんほん** 용홍	**ごほん** 고홍

6병	7병	8병	9병	10병
ろっぽん 롭뽕	**ななほん** 나나홍	**はっぽん** 합뽕	**きゅうほん** 큐-홍	**じゅっぽん** 쥽뽕

조수사(~권: 冊) 0-006.mp3

1권	2권	3권	4권	5권
いっさつ 잇싸쯔	**にさつ** 니사쯔	**さんさつ** 산사쯔	**よんさつ** 욘사쯔	**ごさつ** 고사쯔
6권	7권	8권	9권	10권
ろくさつ 로쿠사쯔	**ななさつ** 나나사쯔	**はっさつ** 핫싸쯔	**きゅうさつ** 큐-사쯔	**じゅっさつ** 쥿싸쯔

조수사(~층: 階) 0-006.mp3

1층	2층	3층	4층	5층
いっかい 익까이	**にかい** 니카이	**さんがい** 상가이	**よんかい** 용카이	**ごかい** 고카이
6층	7층	8층	9층	10층
ろっかい 록까이	**ななかい** 나나카이	**はちかい** 하치카이	**きゅうかい** 큐-카이	**じゅっかい** 쥭까이

조수사(~명: 人) 0-006.mp3

1명	2명	3명	4명	5명
ひとり 히토리	**ふたり** 후타리	**さんにん** 산닝	**よにん** 요닝	**ごにん** 고닝
6명	7명	8명	9명	10명
ろくにん 로쿠닝	**ななにん** 나나닝	**はちにん** 하치닝	**きゅうにん** 큐-닝	**じゅうにん** 쥬-닝

조수사(~잔: 杯) 0-006.mp3

1잔	2잔	3잔	4잔	5잔
いっぱい 입빠이	**にはい** 니하이	**さんばい** 삼바이	**よんはい** 용하이	**ごはい** 고하이
6잔	7잔	8잔	9잔	10잔
ろっぱい 롭빠이	**ななはい** 나나하이	**はっぱい** 합빠이	**きゅうはい** 큐-하이	**じゅっぱい** 쥽빠이

화폐 단위 말하기 0-006.mp3

1엔(円)	いちえん	이치엥
5엔(円)	ごえん	고엥
10엔(円)	じゅうえん	쥬-엥
50엔(円)	ごじゅうえん	고쥬-엥
100엔(円)	ひゃくえん	햐쿠엥
200엔(円)	にひゃくえん	니햐쿠엥
300엔(円)	さんびゃくえん	삼뱌쿠엥
400엔(円)	よんひゃくえん	용햐쿠엥
500엔(円)	ごひゃくえん	고햐쿠엥
600엔(円)	ろっぴゃくえん	롭뺘쿠엥
700엔(円)	ななひゃくえん	나나햐쿠엥
800엔(円)	はっぴゃくえん	합뺘쿠엥
900엔(円)	きゅうひゃくえん	큐-햐쿠엥
1000엔(円)	せんえん	셍엥
10,000엔(円)	いちまんえん	이치망엥

0-007.mp3

이것	그것	저것	어느 것
これ 고레	**それ** 소레	**あれ** 아레	**どれ** 도레
이	그	저	어느
この 고노	**その** 소노	**あの** 아노	**どの** 도노
여기	거기	저기	어디
ここ 고코	**そこ** 소코	**あそこ** 아소코	**どこ** 도코
이쪽	그쪽	저쪽	어느 쪽
こちら 고치라	**そちら** 소치라	**あちら** 아치라	**どちら** 도치라

예)

이것은 얼마인가요? **これは いくらですか。** 고레와 이쿠라데스까	역은 어디에 있나요? **駅は どこに ありますか。** 에키와 도코니 아리마스까

날짜-월(月) 0-008.mp3

1월	2월	3월	4월
いちがつ	にがつ	さんがつ	しがつ
이치가쯔	니가쯔	상가쯔	시가쯔
5월	6월	7월	8월
ごがつ	ろくがつ	しちがつ	はちがつ
고가쯔	로쿠가쯔	시치가쯔	하치가쯔
9월	10월	11월	12월
くがつ	じゅうがつ	じゅういちがつ	じゅうにがつ
쿠가쯔	쥬-가쯔	쥬-이치가쯔	쥬-니가쯔

날짜-일(日) 0-008.mp3

1일	2일	3일	4일	5일
ついたち	ふつか	みっか	よっか	いつか
쯔이타치	후쯔카	믹까	욕까	이쯔카
6일	7일	8일	9일	10일
むいか	なのか	ようか	ここのか	とおか
무이카	나노카	요-카	코코노카	토-카

tip

나머지는 대부분 「숫자+にち(니치)」의 형태로 표현할 수 있어요. 하지만 14일(じゅうよっか: 쥬-욕까), 20일(はつか: 하쯔카), 24일(にじゅうよっか: 니쥬-욕까)는 형태가 다르니 주의합시다.

요일(曜日) 0-008.mp3

월요일	화요일	수요일	목요일
げつようび	**かようび**	**すいようび**	**もくようび**
게쯔요-비	카요-비	스이요-비	모쿠요-비
금요일	토요일	일요일	무슨 요일
きんようび	**どようび**	**にちようび**	**なんようび**
킹요-비	도요-비	니치요-비	낭요-비

시간 표현-시(時) 0-008.mp3

1시	2시	3시	4시
いちじ	**にじ**	**さんじ**	**よじ**
이치지	니지	산지	요지
5시	6시	7시	8시
ごじ	**ろくじ**	**しちじ**	**はちじ**
고지	로쿠지	시치지	하치지
9시	10시	11시	12시
くじ	**じゅうじ**	**じゅういちじ**	**じゅうにじ**
쿠지	쥬-지	쥬-이치지	쥬-니지

시간 표현-분(分) 0-008.mp3

1분	2분	3분	4분
いっぷん 입뿡	にふん 니훙	さんぷん 삼뿡	よんぷん 욤뿡
5분	6분	7분	8분
ごふん 고훙	ろっぷん 롭뿡	ななふん 나나훙	はっぷん 합뿡
9분	10분	15분	20분
きゅうふん 큐-훙	じゅっぷん 쥽뿡	じゅうごふん 쥬-고훙	にじゅっぷん 니쥽뿡
25분	30분	35분	40분
にじゅうごふん 니쥬-고훙	さんじゅっぷん 산쥽뿡	さんじゅうごふん 산쥬-고훙	よんじゅっぷん 욘쥽뿡
45분	50분	55분	몇 분
よんじゅうごふん 욘쥬-고훙	ごじゅっぷん 고쥽뿡	ごじゅうごふん 고쥬-고훙	なんぷん 남뿡

어제(昨日)	오늘(今日)	내일(明日)	매일(每日)
きのう 키노-	**きょう** 쿄-	**あした** 아시타	**まいにち** 마이니치
지난주(先週)	이번 주(今週)	다음 주(来週)	매주(每週)
せんしゅう 센슈-	**こんしゅう** 콘슈-	**らいしゅう** 라이슈-	**まいしゅう** 마이슈-
작년(去年)	올해(今年)	내년(来年)	매년(每年)
きょねん 쿄넹	**ことし** 코토시	**らいねん** 라이넹	**まいとし** 마이토시

기본적인 일본어 표현 | 0-009.mp3

네.

はい。

하이

아니요.

いいえ。

이-에

안녕하세요. 〈아침 인사〉

おはようございます。

오하요-고자이마스

안녕하세요. 〈낮 인사〉

こんにちは。

곤니치와

안녕하세요. 〈저녁 인사〉

こんばんは。

곰방와

감사합니다.

ありがとうございます。
아리가또-고자이마스

죄송합니다. / 저기요. / 실례합니다.

すみません。
스미마셍

감사합니다. / 죄송합니다.

どうも。
도-모

tip

「どうも(도-모)」는 우리말로 '정말로'라는 의미로, 「どうも すみません(정말 미안해요)」, 「どうも ありがとうございます(정말 고마워요)」의 형태로 자주 사용됩니다. 하지만 일상 회화에서는 간단하게 「どうも」만 사용해서 상대에게 감사와 사과의 마음을 전할 수 있습니다.

부탁합니다.

お願いします。
오네가이시마스

알겠습니다.

分かりました。
와카리마시타

일본인은 왜 「すみません」을 많이 사용할까?

'미안합니다'라는 뜻을 가진 「すみません(스미마셍)」은 상대에게 사과할 때 주로 사용하는 표현으로, 여러분이 일본에 가면 가장 많이 들을 수 있는 말이 아닐까 싶습니다. 일본인들은 왜 그렇게 미안한 것이 많을까요?

제가 처음 일본에 유학하였을 때, 붐비는 지하철에서 실수로 다른 사람의 발을 밟은 사람뿐만 아니라 밟힌 사람도 상대에게 「すみません」이라고 하는 것을 보고 발을 밟힌 사람이 왜 미안하다고 하는지 이상하게 여긴 적이 있었습니다. 한국에서는 잘못한 사람이 먼저 사과하는 것이 보통이지만, 일본에서는 서로의 잘잘못을 따지기보다 피해를 본 사람도 「すみません」이라고 하는 것이 일반적입니다. 이것은 '화(和)'를 중시하는 일본인의 가치관과 관련이 있다고 할 수 있습니다. 즉, 상대와의 불필요한 마찰과 대립을 피하고 '화(和)'의 상태를 유지하기 위해 「すみません」이라 말하는 것이라고 할 수 있지요.

한편, 「すみません」은 '미안합니다'라는 뜻 외에도 '고맙습니다, 실례합니다, 저기요' 등과 같이 다양한 뜻으로 쓰입니다. 제 유학 시절, 방학을 맞아 한국에 갔다 일본에 돌아왔을 때 일본인 친구에게 선물로 한국 과자를 준 적이 있었습니다. 그때 친구는 고맙다는 인사말인 「ありがとう(아리가또-)」 대신 「すみません」이라 하더군요. 이는 '내가 너에게 (나를) 신경 쓰게 했으니 민폐를 끼쳤다'라는 미안한 마음과 함께 선물에 대한 고마움을 「すみません」을 통해 나타낸 것이죠. 또한 일본의 식당에서는 점원을 부를 때 '저기요'라는 의미로 「すみません」이라고 하는데, 이는 '점원이 다른 일을 하는 도중에 불러서 미안하다'라는 의미가 담겨 있다고 볼 수 있습니다.

참고로 「すみません」은 '끝나다, 해결되다'라는 의미의 동사 「済む(스무)」의 부정 정중형으로, 직역하자면 '끝나지 않습니다, 해결되지 않습니다'라는 의미입니다. 이를 '(당신과의 ○○가) 해결되지 않아 내 마음이 편치 않습니다, 후련하지 않습니다' 정도의 의미가 담겨 있다고 생각한다면, 왜 「すみません」이 '미안합니다'라는 의미로 사용되는지 이해되시죠?

잘 모르겠어요.

よく 分^わかりません。

요꾸 와카리마셍

괜찮습니다.

大丈夫^{だいじょうぶ}です。

다이죠-부데스

이건 뭔가요?

これは 何^{なん}ですか。

고레와 난데스까?

이건 얼마예요?

これは いくらですか。

고레와 이쿠라데스까?

이거 주세요.

これ ください。

고레 구다사이

일본의 젓가락 문화

여행에서 빼놓을 수 없는 재미는 바로 여러 맛집을 탐방하며 맛있는 음식을 먹는 일이지요. 한국 사람들이 일본으로 여행을 떠나 일본의 식당에 가면 한국의 식당 과는 달리 숟가락이 없어서 당황하는 경우가 많다고 합니다. 밥상에 수저를 세로 로 놓고 수저를 사용해 밥을 먹는 한국과 달리, 일본에서는 식사할 때 젓가락을 가 로로 놓으며, 젓가락만 사용합니다. 또한 밥을 먹을 때 일본 사람들은 밥그릇을 손 으로 들고 젓가락으로 먹으며, 일본의 국은 건더기가 많지 않기 때문에 국을 먹을 때도 국그릇을 들고 마시며, 건더기는 젓가락으로 건져 먹는다고 합니다.

이러한 일본인에게 젓가락은 우리가 생각하는 것보다 더 큰 의미를 가집니다. 일 본에는 '젓가락으로 시작해서 젓가락으로 끝난다(箸に始まり箸に終わる)'라는 말이 있습니다. 일본에서는 생후 백 일이 되면 아기에게 처음으로 젓가락으로 밥을 먹 이는 '하시조메(箸初め)'라는 축하 의식을 치르고, 죽으면 장례식에서 젓가락으로 유골을 옮기며, 제사상에도 젓가락을 올려놓고 공양을 합니다. 이처럼 일본인은 젓가락과 일생을 함께하는 것이죠.

그만큼 일본인들은 젓가락 사용에 대한 예절에도 상당히 엄격합니다. 젓가락으로 음식을 찌르거나 젓가락으로 다른 사람에게 반찬을 건네주거나 그릇 위에 젓가락 을 올려놓는 등의 행위는 하면 안 되는데, 이러한 젓가락을 사용할 때의 금기 사항 (嫌い箸: 기라이바시)이 무려 70여 가지나 있다고 합니다.

그럼 일본에는 숟가락이 아예 없을까요? 한국에서 밥을 먹을 때 흔히 사용하는 숟 가락은 잘 사용하지 않지만, 중화요리나 우동, 라멘, 덮밥, 카레 등을 먹을 때는 렌 게(レンゲ)라는 사기 숟가락을 사용한답니다.

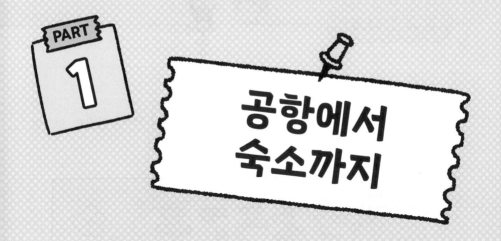

PART 1

공항에서 숙소까지

알고 있나요?

일본 도착 (001.mp3)

드디어 일본 공항에 도착했습니다. 방문객을 반기는 안내판이 있네요. 인사말을 배우며 신나게 일본 여행을 시작해 볼까요?

❶	ようこそ	요-코소	어서 오십시오, 환영합니다
❷	日本へ	니홍에	일본에

> **tip**
> 「ようこそ」는 손님의 방문을 환영할 때 쓰는 인사말이고, 「~へ」는 '~에, ~으로'라는 의미로, 방향을 나타내는 조사랍니다.

아래의 안내판은 일본 공항에 처음 도착했을 때 보이는 안내판입니다. 「おか
えりなさい(잘 다녀오셨어요)」는 보통 외출했다 집에 돌아온 가족에게 말하는
인사말이지만, 일본인이 해외에 갔다 돌아왔을 때 일본 입장에서 '(해외를) 잘
다녀오셨어요'의 의미로 환영 인사를 건넬 때도 사용하고 있습니다.

❶	おかえりなさい	오카에리나사이	잘 다녀오셨어요

입국 심사 (002.mp3)

일본 공항에서의 첫 번째 관문은 바로 입국 심사! 요즘은 기계를 통해 자동 입국 심사를 진행하는 경우도 있지만, 여전히 대면 입국 심사를 하는 경우도 많습니다. 입국 심사를 할 때는 여권과 미리 작성한 입국 카드를 준비하여 입국 심사관에게 제출합니다. 2022년 11월 1일부터 입국 수속 온라인 서비스인 'Visit Japan Web'에서 사전 등록하는 방식으로 입국 심사, 세관 신고 등을 진행하고 있습니다.

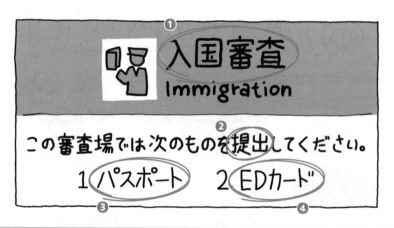

❶	入国審査 (にゅうこくしんさ)	뉴-코쿠신사	입국 심사
❷	提出 (ていしゅつ)	테-슈쯔	제출
❸	パスポート	파스포-토	여권
❹	EDカード (イーディー)	이-디-카-도	출입국 관리 카드

이 단어를 따라오세요

입국 にゅうこく 入国 뉴-코쿠	방문 ほうもん 訪問 호-몽
체류 たいざい 滞在 타이자이	호텔 ホテル 호테루
여행 りょこう 旅行 료코-	관광 かんこう 観光 캉코-
비즈니스 ビジネス 비지네스	SEMO TOUR
가족 か ぞく 家族 카조쿠	친구 とも 友だち 토모다치

004.mp3

① 입국 기록 카드를 보여 주세요.

<ruby>入国<rt>にゅうこく</rt></ruby>カードを <ruby>見<rt>み</rt></ruby>せて ください。

뉴-코쿠카-도오 미세떼 구다사이

여권	출입국 관리 카드	티켓, 표
パスポート	EDカード	チケット
파스포-토	이-디-카-도	치켓토

② 2일간 머물러요.

<ruby>2日間<rt>ふつかかん</rt></ruby> <ruby>泊<rt>と</rt></ruby>まります。

후쯔까깐 토마리마스

3일간	4일간	5일간	일주일간
<ruby>3日間<rt>みっかかん</rt></ruby>	<ruby>4日間<rt>よっかかん</rt></ruby>	<ruby>5日間<rt>いつかかん</rt></ruby>	<ruby>一週間<rt>いっしゅうかん</rt></ruby>
믹까깐	욕까깐	이쯔까깐	잇쓔-깐

005.mp3

💬 입국 기록 카드와 여권을 보여 주세요.

入国カードと パスポートを 見せて ください。

뉴-코쿠카-도또 파스포-토오 미세떼 구다사이

💬 입국 목적은 무엇입니까?

入国の 目的は 何ですか。

뉴-코쿠노 모쿠떼끼와 난데스까?

> **tip**
>
> '입국(入国)' 대신 '방문'을 뜻하는 「訪問: 호-몽)」을 사용하기도 합니다.

💬 관광이에요.

観光です。

캉코-데스

> **tip**
>
> 목적에 따라 '비즈니스(ビジネス: 비지네스)', '출장(出張: 슛쬬-)', '유학(留学: 류-가쿠)'
> 을 넣어 말할 수 있습니다.

💬 며칠 동안 체류할 예정인가요?

何日間 滞在する 予定ですか。

난니치깐 타이자이스루 요떼-데스까?

💬 얼마나 체류하나요?

どれくらい 滞在しますか。

도레쿠라이 타이자이시마스까?

41

💬 **2일간 머물러요.**

２日間 泊まります。

후쯔까깐 토마리마스

💬 **어디에 머무르나요?**

どこに お泊まりですか。

도코니 오토마리데스까?

💬 **○○호텔에 묵어요.**

○○ホテルに 泊まります。

○○호테루니 토마리마스

💬 **친구 집에 머물러요.**

友だちの 家に 泊まります。

토모다치노 이에니 토마리마스

💬 **혼자 왔나요?**

一人で 来ましたか。

히토리데 키마시타까?

💬 **가족이랑 왔어요.**

家族と 来ました。

카조쿠또 키마시타

입국 심사 (006.mp3)

입국 기록 카드와 여권을 보여 주세요.

入国カードと パスポートを 見せて
ください。

뉴-코쿠카-도또 파스포-토오 미세떼 구다사이

네, 여기 있습니다.

はい、どうぞ。

하이, 도-조

입국 목적은 무엇입니까?

入国の 目的は 何ですか。

뉴-코쿠노 모쿠떼끼와 난데스까?

관광이에요.

観光です。

캉코-데스

알고 있나요?

짐 찾기 007.mp3

입국 심사를 마쳤으니 이제는 짐을 찾아 봅시다. 위탁수하물이 나오는 위치는
근처 항공 정보 안내판에서 항공사와 비행기 편명을 확인하면 됩니다.

① ②
手荷物ご案内

③ 受け取りベルト 3

④ 便名　　　　　　　出発地 ⑤

ANA1812	ソウル(金浦)
CA 6734	ソウル(金浦)
JAL 3118	ソウル(仁川)
JTA 256	ソウル(仁川)

❶	手荷物	테니모쯔	수하물
❷	案内	안나이	안내
❸	受け取りベルト	우케토리베루토	수하물 벨트
❹	便名	빔메-	(항공기) 편명
❺	出発地	슙빠쯔치	출발지

세관 검사 (008.mp3)

짐도 찾았으니 이제 남은 건 세관 검사뿐! 기존과 같이 종이로 된 '휴대품·별송품 신고서'를 작성하거나 'Visit Japan Web'을 이용해 세관 신고를 합니다. 또한 아래의 전자 신고 단말기를 통해 세관 신고를 할 수 있습니다.

❶	でんし しんこく 電子申告	덴시싱코쿠	전자 신고
❷	たんまつ 端末	탐마츠	단말

tip

'Visit Japan Web'은 일본 입국 수속시 입국 심사, 세관 신고 등을 웹으로 할 수 있는 서비스입니다. 이 서비스를 이용할 때는 홈페이지에 접속해 계정을 만들고 로그인을 한 후, 이용자 등록 단계에서 본인 정보를 입력합니다. '미나시 재입국 허가(みなし再入国許可)'는 일본에 거주하는 외국인의 비자와 관련된 사항으로, 일반 관광객이라면 '없음'을 선택하면 된답니다. 본인 정보 등록을 마쳤다면 입국·귀국 예정 등록 단계로 넘어가 여행 일정 등을 입력하면 됩니다. 일본 내 연락처는 예약한 숙소의 주소를 입력하세요. 정보를 다 입력하면 QR코드가 생성되는데, 입국 심사를 할 때 제시하면 된답니다. 세관 신고도 할 수 있는데, 종이로 받은 서류와 같은 내용입니다. 내용을 다 입력하면 역시 마찬가지로 QR코드가 생성이 되고, 이 QR코드는 세관 신고를 할 때 제시하면 됩니다.

비행기 ひ こう き 飛行機 히코-키	**가방** かばん 카방
짐 に もつ 荷物 니모쯔	**여행 가방** スーツケース 스-츠케-스
세관 ぜいかん 税関 제-캉	
신고 しんこく 申告 싱코쿠	**어디** どこ 도코

① 제 짐이 안 보여요.

わたし　にもつ　み
私の 荷物が 見つかりません。

와따시노 니모쯔가 미츠카리마셍

가방

かばん

카방

여행 가방

スーツケース

스-츠케-스

스마트폰

スマホ

스마호

② 반입 금지 물품은 뭔가요?

も　こ　きんしひん　なん
持ち込み禁止品は 何ですか。

모치코미킨시힝와 난데스까?

[항공기] 편명

びんめい
便名

빔메-

전자 신고

でんし しんこく
電子申告

덴시싱코쿠

신고할 것

しんこく
申告するもの

싱코쿠스루모노

47

이럴 때, 어떻게 말하나요?

011.mp3

💬 **수하물 찾는 곳은 어디인가요?**

手荷物受取所は どこですか。

테니모쯔우케토리죠와 도코데스까?

💬 **저쪽의 3번입니다.**

あちらの 3番です。

아치라노 삼반데스

💬 **짐이 망가졌어요.**

荷物が 壊れました。

니모쯔가 코와레마시타

💬 **제 여행 가방이 나오지 않아요.**

私の スーツケースが 出てきません。

와따시노 스-츠케-스가 데떼키마셍

💬 **제 짐이 안 보여요.**

私の 荷物が 見つかりません。

와따시노 니모쯔가 미츠카리마셍

48

💬 신고할 물품은 있습니까?

申告するものは ありますか。

싱코쿠스루모노와 아리마스까?

💬 아니요, 없어요.

いいえ、ありません。

이-에, 아리마셍

💬 반입 금지 물품은 뭔가요?

持ち込み禁止品は 何ですか。

모치코미킨시힝와 난데스까?

💬 전자 신고를 했어요.

電子申告を しました。

덴시싱코쿠오 시마시타

💬 전자 신고 게이트를 이용하세요.

電子申告 ゲートを 利用して ください。

덴시싱코쿠 게-토오 리요-시떼 구다사이

짐 찾기  012.mp3

저기요, 수하물 찾는 곳은 어디인가요?

すみません、手荷物受取所は どこですか。

스미마셍, 테니모쯔우케토리죠와 도코데스까?

[항공기] 편명이 뭔가요?

便名は 何ですか。

빔메-와 난데스까?

○○항공 574예요.

○○航空 ５７４です。

○○코-쿠- 고나나욘데스

저쪽의 3번입니다.

あちらの ３番です。

아치라노 삼반데스

세관 검사 013.mp3

안녕하세요. 여권과 세관 신고서를 보여 주세요.

こんにちは。パスポートと 税関申告書を
見せて ください。

곤니치와. 파스포-토또 제-칸싱코쿠쇼오
미세떼 구다사이

네, 여기 있습니다.

はい、こちらです。

하이, 고치라데스

신고할 물품은 있습니까?

申告するものは ありますか。

싱코쿠스루모노와 아리마스까?

아니요, 없어요.

いいえ、ありません。

이-에, 아리마셍

51

 **알고 있나요?**

교통수단 찾기 014.mp3

세관 신고를 마치고 나와 공항에서 숙소까지 어떻게 가면 좋을까요? 공항 내 관광 안내소를 찾아가 봅시다.

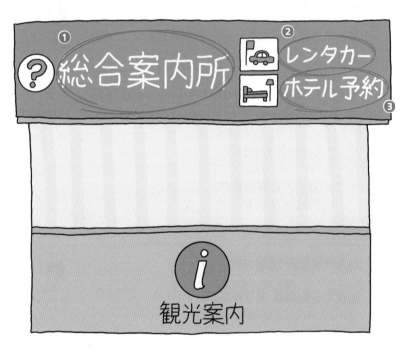

❶	そうごうあんないじょ 総合案内所	소-고-안나이죠	종합 안내소
❷	レンタカー	렌타카-	렌터카
❸	ホテル予約 よやく	호테루요야쿠	호텔 예약

015.mp3

어떻게 どうやって 도-얏떼	**역** えき 駅 에키
터미널 ターミナル 타-미나루	**공항** くうこう 空港 쿠-코-
국제선 こくさいせん 国際線 코쿠사이셍	**매표소** きっぷうりば 킵뿌우리바
국내선 こくないせん 国内線 코쿠나이셍	
타는 곳 のりば 노리바	**내리는 곳** おりば 오리바

이 패턴을 따라오세요

① 신주쿠까지 어떻게 가나요?

新宿まで どうやって 行きますか。
しんじゅく　　　　　　　　　　　　い

신쥬쿠마데 도-얏떼 이키마스까?

역	터미널	국제선	국내선
駅 えき	ターミナル	国際線 こくさいせん	国内線 こくないせん
에키	타-미나루	코쿠사이셍	코쿠나이셍

② 버스 타는 곳은 어디인가요?

バスのりばは どこですか。

바스노리바와 도코데스까?

종합 안내소	매표소	화장실
総合案内所 そうごうあんないじょ	きっぷうりば	トイレ
소-고-안나이죠	킵뿌우리바	토이레

이럴 때, 어떻게 말하나요?

💬 쓰키지 시장까지 어떻게 가나요?

築地市場まで どうやって 行きますか。

츠키지시죠-마데 도-얏떼 이키마스까?

💬 전철을 타면 됩니다.

電車で 行けますよ。

덴샤데 이케마스요

💬 도쿄역까지 가고 싶은데요….

東京駅まで 行きたいんですが…。

토-쿄-에키마데 이키타인데스가

💬 오다이바까지 뭐가 가장 빠른가요?

お台場まで 何が 一番 早いですか。

오다이바마데 나니가 이치방 하야이데스까?

💬 하카타역까지 (가기에) 뭐가 가장 편리한가요?

博多駅まで 何が 一番 便利ですか。

하카타에키마데 나니가 이치방 벤리데스까?

💬 공항 셔틀버스는 어디서 타나요?

空港シャトルバスは どこで 乗りますか。

쿠-코-샤토루바스와 도코데 노리마스까?

💬 저기 있는 2번 정류장에서 타세요.

あそこの 2番 のりばで 乗って ください。

아소코노 니반 노리바데 놋떼 구다사이

💬 택시 타는 곳은 어디에 있나요?

タクシーのりばは どこに ありますか。

타쿠시-노리바와 도코니 아리마스까?

💬 택시 타는 곳은 북쪽 출구 옆에 있어요.

タクシーのりばは 北口の そばに あります。

타쿠시-노리바와 키타구치노 소바니 아리마스

교통수단 찾기 018.mp3

실례합니다. 신주쿠까지 어떻게 가나요?

すみません。新宿まで どうやって
行きますか。
스미마셍 신쥬쿠마데 도-얏떼 이키마스까?

전철을 타면 됩니다.

電車で 行けますよ。
덴샤데 이케마스요

역은 어디에 있나요?

駅は どこに ありますか。
에키와 도코니 아리마스까?

지하 1층입니다.

地下 1階です。
치카 익까이데스

57

버스에서 019.mp3

공항에서 버스 승차권은 창구에서 구입하거나 자동 발매기를 통해 구입할 수 있습니다.

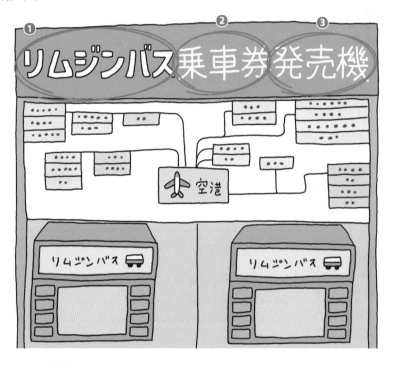

❶	リムジンバス	리무짐바스	(공항) 리무진 버스
❷	乗車券 じょうしゃけん	죠-샤켕	승차권
❸	発売機 はつばいき	하쯔바이키	발매기

버스 이용하기

일본의 택시, 버스, 지하철 등의 대중교통을 이용하는 모습은 한국과 비슷한 듯 다른 부분이 꽤 있습니다. 특히 일본 버스 중에는 한국 버스와 달리 뒷문으로 승차해서 앞문으로 하차하는 버스도 있습니다. 이런 버스는 승차 거리에 따라 요금이 달라지는 방식을 채택하고 있어서 탈 때는 요금을 내지 않고 내릴 때 한 번에 요금을 낸다고 해요.

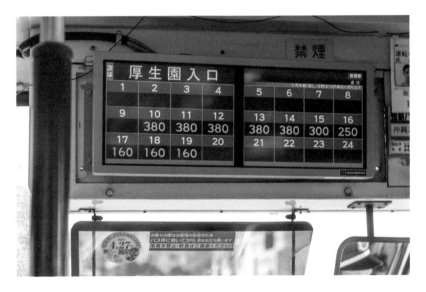

승차 거리에 따라 다른 요금을 내는 버스를 탈 때는 뒷문에 있는 승차권 발행기에서 정리권을 뽑아야 하는데, 정리권에는 본인이 탄 정류장의 번호가 쓰여 있어요. 버스의 맨 앞 위쪽에 있는 요금 표시기는 정리권에 쓰여 있는 번호별로 요금을 알려 줍니다. 내리기 전, 요금 표시기를 통해 본인의 요금을 미리 확인하고 내릴 때 정리권과 함께 요금을 지불하면 됩니다.

버스	셔틀버스
バス	シャトルバス
바스	샤토루바스
버스 타는 곳	**버스 정류장**
バスのりば	バス停 (てい)
바스노리바	바스떼-
[버스] 정리권, 승차권	
整理券 (せい り けん)	
세-리켕	
몇 번	**~행, ~로 감**
何番 (なんばん)	~行き (ゆ)
남방	유키
요금	**얼마**
料金 (りょうきん)	いくら
료-낑	이쿠라

60

이 패턴을 따라오세요

① 이 버스는 금각사까지 가나요?

この バスは 金閣寺<small>きんかくじ</small>まで 行<small>い</small>きますか。
고노 바스와 킹카쿠지마데 이키마스까?

셔틀버스	도쿄역	전철	우메다역
シャトルバス	東京駅<small>とうきょうえき</small>	電車<small>でんしゃ</small>	梅田駅<small>うめだえき</small>
샤토루바스	토-쿄-에키	덴샤	우메다에키

② 우에노행 버스는 어디서 타나요?

上野行<small>うえのゆ</small>きの バスは どこで 乗<small>の</small>りますか。
우에노유키노 바스와 도코데 노리마스까?

터미널	리무진 버스	요코하마	신칸센
ターミナル	リムジンバス	横浜<small>よこはま</small>	新幹線<small>しんかんせん</small>
타-미나루	리무진바스	요코하마	싱칸셍

💬 **교토역행 버스 정류장은 어디예요?**

京都駅行きの バス停は どこですか。

쿄-또에키유키노 바스떼-와 도코데스까?

💬 **시부야까지는 몇 번 버스를 타면 되나요?**

渋谷までは 何番 バスに 乗れば いいですか。

시부야마데와 남방 바스니 노레바 이이데스까?

💬 **우에노까지 가는 버스는 몇 번이에요?**

上野行きの バスは 何番ですか。

우에노유키노 바스와 남반데스까?

💬 **어디에서 내리면 되나요?**

どこで 降りたら いいですか。

도코데 오리따라 이이데스까?

💬 **두 번째 정류장에서 내리세요.**

ふたつ目の バス停で 降りて ください。

후타쯔메노 바스떼-데 오리떼 구다사이

💬 역에 도착하면 알려 주실 수 있나요?

駅に 着いたら 教えて もらえますか。

에키니 츠이따라 오시에떼 모라에마스까?

💬 [버스 안에서] 동전 교환 가능한가요?

両替できますか。

료-가에데키마스까?

💬 요금은 얼마인가요?

料金は いくらですか。

료-낑와 이쿠라데스까?

💬 승차권을 뽑아 주세요.

整理券を お取りください。

세-리켕오 오토리구다사이

💬 운임은 내릴 때 지불하세요.

運賃は 降りる ときに 払って ください。

운칭와 오리루 토키니 하랏떼 구다사이

버스에서 (023.mp3)

이 버스는 금각사까지 가나요?

この バスは 金閣寺まで 行きますか。

고노 바스와 킹카쿠지마데 이키마스까?

네, 갑니다.

はい、行きますよ。

하이, 이키마스요

죄송하지만, 어디에서 내리면 되나요?

すみませんが、どこで 降りたら
いいですか。

스미마셍가, 도코데 오리따라 이이데스까?

네 번째 정류장에서 내리세요.

よっつ目の バス停で 降りて ください。

욧쯔메노 바스떼-데 오리떼 구다사이

택시에서 (024.mp3)

❶	タクシーのりば	타쿠시-노리바	택시 정류장
❷	予約タクシー	요야쿠타쿠시-	예약 택시
❸	ジャンボタクシー	쟘보타쿠시-	대형 택시

tip

일본의 택시는 한국의 택시와는 다르게 일행이 많은 경우를 제외하고는 조수석이 아닌 뒷좌석에 타는 것이 일반적입니다. 또한 택시의 뒷문은 자동문이여서 타고 내릴 때 직접 문을 여닫을 필요가 없습니다. 손에 짐이 많을 때 아주 편리하지요. 그리고 한국 택시에 심야 할증 요금이 있는 것처럼 일본 택시도 심야에는 20%의 할증 요금이 붙습니다. 또한 홋카이도 (北海道)나 도호쿠(東北) 지방과 같이 눈이 많이 내리는 지역에서는 12월에서 3월 정도까지 동계 할증 요금이 적용된다고 합니다.

025.mp3

~부터 **〜から** 카라	**~까지** **〜まで** 마데
어느 정도 **どれくらい** 도레쿠라이	**몇 분** ^{なんぷん}**何分** 남뿡
콜택시 **ハイヤー** 하이야-	**택시** **タクシー** 타쿠시-
거스름돈 **おつり** 오쯔리	

66

026.mp3

이 패턴을 따라오세요

① 하카타역까지 가 주세요.

博多駅まで 行って ください。
하카타에키마데 잇떼 구다사이

긴자	호텔	백화점
銀座	ホテル	デパート
긴자	호테루	데파-토

② 여기에서 **몇 분** 걸리나요?

ここから **何分** かかりますか。
고코까라 남뿡 카카리마스까?

공항	**몇 시간**	근처 역	**어느 정도**
空港	何時間	近くの 駅	どれくらい
쿠-코-	난지깡	치카쿠노 에키	도레쿠라이

67

💬 여기에서 호텔까지 어느 정도 걸리나요?

ここから ホテルまで どれくらい かかりますか。

고코까라 호테루마데 도레쿠라이 카카리마스까?

💬 20분 정도 걸립니다.

20分ぐらい かかります。

니쥽뿡구라이 카카리마스

💬 기온까지 요금은 얼마나 나오나요?

祇園までの 料金は いくらぐらいですか。

기옴마데노 료-낑와 이쿠라구라이데스까?

💬 짐을 트렁크에 실어도 되나요?

荷物を トランクに 入れても いいですか。

니모쯔오 토랑쿠니 이레떼모 이이데스까?

💬 트렁크를 열어 주세요.

トランクを 開けて ください。

토랑쿠오 아케떼 구다사이

💬 **여기서 세워 주세요.**

ここで とめて ください。

고코데 토메떼 구다사이

💬 **여기서 내려 주세요.**

ここで 降ろして ください。

고코데 오로시떼 구다사이

💬 **조금 서둘러 가 주시겠어요?**

もう少し 急いで もらえますか。

모-스꼬시 이소이데 모라에마스까?

💬 **거스름돈은 괜찮아요.**

おつりは 大丈夫です。

오쯔리와 다이죠-부데스

택시에서 028.mp3

하카타역까지 부탁합니다.

博多駅まで お願いします。

하카타에키마데 오네가이시마스

네, 하카타역이요.

はい、博多駅ですね。

하이, 하카타에키데스네

여기에서 몇 분 걸리나요?

ここから 何分 かかりますか。

고코까라 남뿡 카카리마스까?

20분 정도 걸립니다.

20分ぐらい かかります。

니쥽뿡구라이 카카리마스

전철역에서 ① (029.mp3)

전철역에서 자동판매기를 통해 표를 살 때는 요금표에 나와 있는 현재 있는 역부터 목적지까지의 전철 요금을 보고 해당 금액의 버튼을 눌러 승차권을 구입합니다.

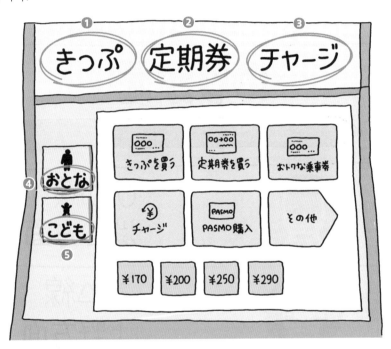

❶	きっぷ	킵뿌	표
❷	定期券	테-키껭	정기권
❸	チャージ	챠-지	(교통 카드) 충전
❹	おとな	오토나	어른, 성인
❺	こども	코도모	아이, 어린이

전철역에서 ② 030.mp3

다른 전철 노선으로 환승할 때는 역사 내 표지판을 따라가면 됩니다. 어느 방면인지 잘 확인하고 탑시다. 일본의 전철은 운영하는 회사가 다양해 타고 온 노선과 갈아타려는 노선의 운영 회사가 서로 다르다면 요금을 따로 내야 하니 주의하세요.

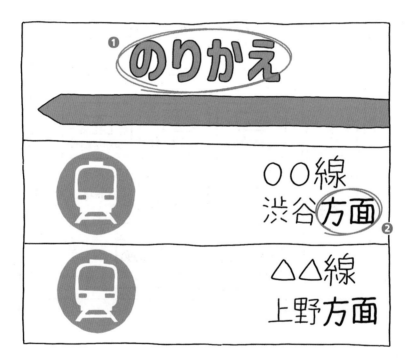

❶	のりかえ	노리카에	환승, 갈아탐
❷	~方面	호-멩	~방면, ~행

이 단어를 따라오세요

다음 つぎ 次 츠기	**출구** で ぐち 出口 데구치
시간표 じ こくひょう 時刻表 지코쿠효-	**물품 보관함** コインロッカー 코인록카-
첫차 し はつ 始発 시하쯔	**막차** しゅうでん 終電 슈-뎅
급행 (열차) きゅうこう 急行 큐-코-	**특급 (열차)** とっきゅう 特急 톡뀨-
일반 열차 かくえきていしゃ 各駅停車 카쿠에키테-샤	**전철** でんしゃ 電車 덴샤
지하철 ち か てつ 地下鉄 치카테쯔	

① 스이카〈교통 카드〉는 어디서 살 수 있나요?

スイカ(Suica)は どこで 買えますか。

스이카와 도코데 카에마스까?

티켓, 표	어디	표	여기
チケット	どこ	きっぷ	ここ
치켓토	도코	킵뿌	고코

② 막차는 몇 시인가요?

終電は 何時ですか。

슈-뎅와 난지데스까?

첫차	몇 시	다음 열차	언제
始発	何時	次の 電車	いつ
시하쯔	난지	츠기노 덴샤	이쯔

74

이럴 때, 어떻게 말하나요?

💬 **파스모〈교통 카드〉 충전은 어디서 할 수 있나요?**

パスモ(PASMO)の チャージは どこで できますか。

파스모노 챠-지와 도코데 데키마스까?

> **tip**
>
> 일본에는 각 지역마다, 회사마다 다른 교통 카드를 발행하여 운영하고 있어요. 역사 내 매표소에서 구매가 가능한데, JR 동일본에서 발행한 Suica(스이카) 말고도 PASMO(파스모), ICOKA(이코카), HAYAKAKEN(하야카켄) 등이 있습니다. 또한 도쿄에는 도쿄 메트로 패스, 오사카에는 간사이 스루패스, 오사카 주유패스 등 저렴한 가격으로 다양한 교통수단을 쉽게 이용할 수 있는 패스권도 있습니다.

💬 **이번 정차역은 어디예요?**

次の 停車駅は どこですか。

츠기노 테-샤에키와 도코데스까?

💬 **이 전철은 히가시신주쿠역에 가나요?**

この 電車は 東新宿駅に 行きますか。

고노 덴샤와 히가시신쥬쿠에키니 이키마스까?

💬 **이 전철은 급행이여서 그 역에는 서지 않아요.**

この 電車は 急行なので、その 駅には とまりません。

고노 덴샤와 큐-코-나노데, 소노 에키니와 토마리마셍

💬 **다음 열차를 타세요.**

次の 電車に 乗って ください。

츠기노 덴샤니 놋떼 구다사이

💬 어디에서 갈아타나요?

どこで 乗り換えますか。

도코데 노리카에마스까?

💬 이 전철을 타고 혼마치역에서 요쓰바시선으로 갈아타세요.

この 電車に 乗って、本町駅で 四つ橋線に 乗り換えて
ください。

고노 덴샤니 놋떼, 홈마치에키데 요쯔바시센니 노리카에떼 구다사이

💬 3번 출구는 어디예요?

3番出口は どこですか。

삼반데구치와 도코데스까?

💬 막차는 몇 시예요?

終電は 何時ですか。

슈-뎅와 난지데스까?

> **tip**
> 첫차는 「始発(시하쯔)」라고 합니다.

76

■ 이쪽의 우에노행 (열차) 시간표를 참고해 주세요.

こちらの 上野方面の 時刻表を 参考に して ください。

고치라노 우에노호-멘노 지코쿠효-오 상코-니 시떼 구다사이

■ 물품 보관함은 어디 있나요?

コインロッカーは どこに ありますか。

코인록카-와 도코니 아리마스까?

(tip)

전철을 기다릴 때 자주 들리는 역 내 방송, 무슨 뜻인지 궁금하지 않으셨나요?

곧 2번 플랫폼에 시부야행 일반 열차가 들어옵니다.

まもなく 2番線に 渋谷行きの 各駅停車が 到着します。

마모나쿠 니반센니 시부야유키노 카쿠에키테-샤가 토-챠쿠시마스

위험하니 노란 선까지 물러나 주시길 바랍니다.

危ないですから 黄色い線まで お下がりください。

아부나이데스까라 키이로이셈마데 오사가리구다사이

전철역에서 034.mp3

이 전철은 히가시신주쿠역에 가나요?

この 電車は 東新宿駅に 行きますか。

고노 덴샤와 히가시신쥬쿠에키니 이키마스까?

아니요, 이 전철은 급행이기 때문에 그 역에는 서지 않아요.

いいえ、この 電車は 急行なので、
その 駅には とまりません。

이-에, 고노 덴샤와 큐-코-나노데,
소노 에키니와 토마리마셍

그래요? 히가시신주쿠역은 어떻게 가나요?

そうですか。東新宿駅には どうやって
行きますか。

소-데스까 히가시신쥬쿠에키니와 도-얏떼
이키마스까?

다음에 오는 일반 열차를 타세요.

次の 各駅停車に 乗って ください。

츠기노 카쿠에키테-샤니 놋떼 구다사이

기차역에서 (035.mp3)

기차를 이용할 때는 「みどりの窓口(미도리노마도구치)」를 찾아가세요. 이는 직역하자면 '초록색 창구'라는 의미로, 열차표를 구입하거나 환불할 수 있는 곳입니다. 하지만 앞으로는 창구의 수를 점차적으로 줄이고, 인터넷이나 스마트폰 예매 혹은 역사 내 매표기에서 예매하는 방식으로 바꿔 나간다고 합니다.

❶	みどりの窓口 まどぐち	미도리노마도구치	JR 매표소
❷	きっぷうりば	킵뿌우리바	표 사는 곳
❸	新幹線 しんかんせん	싱칸셍	신칸센, 고속 철도
❹	指定席 してい せき	시떼-세키	지정석
❺	自由席 じ ゆうせき	지유-세키	자유석

036.mp3

승차권 じょうしゃけん **乗車券** 죠-샤켕	**플랫폼, 승강장** **ホーム** 호-무
왕복 おうふく **往復** 오-후쿠	**편도** かたみち **片道** 카타미치
환불 はら もど **払い戻し** 하라이모도시	**변경** へんこう **変更** 헹코-
날짜 ひ づけ **日付** 히즈케	**열차** れっしゃ **列車** 렛쌰
좌석, 자리 ざ せき **座席** 자세키	

이 패턴을 따라오세요

① 자유석으로 부탁합니다.

自由席で お願いします。
_{じ ゆうせき} _{ねが}

지유-세키데 오네가이시마스

지정석	왕복	편도
指定席 _{し ていせき}	往復 _{おうふく}	片道 _{かたみち}
시떼-세키	오-후쿠	카타미치

② 시간을 변경할 수 있나요?

時間を 変更できますか。
_{じ かん} _{へんこう}

지캉오 헹코-데키마스까?

날짜	좌석, 자리	열차
日付 _{ひ づけ}	座席 _{ざ せき}	列車 _{れっしゃ}
히즈케	자세키	렛샤

81

💬 **신칸센 표는 어디에서 살 수 있나요?**

新幹線の きっぷは どこで 買えますか。

싱칸센노 킵뿌와 도코데 카에마스까?

> **tip**
>
> 신칸센(新幹線)은 운행 노선과 속도에 따라 「ひかり(히카리: 빛)」, 「のぞみ(노조미: 희망)」, 「こだま(코다마: 메아리)」, 「つばめ(츠바메: 제비)」, 「はやぶさ(하야부사: 매)」 등과 같은 이름이 붙여져 있답니다. 신칸센 역사에서는 입장권(入場券)을 판매하고 있는데, 이는 신칸센 개찰구를 통과하여 플랫폼까지 들어가기 위한 표입니다. 신칸센을 타고 떠나는 가족을 배웅하거나 플랫폼 내의 상업 시설을 이용하고자 하는 사람들을 위한 것이라고 합니다. 승차를 위한 표가 아니니 주의하세요.

💬 **가장 (시간이) 빠른 것으로 부탁합니다.**

一番 早いので お願いします。

이치방 하야이노데 오네가이시마스

💬 **나고야역까지 어른 2명 주세요.**

名古屋駅まで 大人 ふたり、お願いします。

나고야에키마데 오토나 후타리, 오네가이시마스

💬 **지정석으로 하시나요?**

指定席ですか。

시떼-세키데스까?

💬 **편도로 부탁합니다.**

<ruby>片道<rt>かたみち</rt></ruby>で お<ruby>願<rt>ねが</rt></ruby>いします。

카타미치데 오네가이시마스

> **tip**
>
> 왕복표를 구매할 때는 '왕복'이라는 의미의 「往復(오-후쿠)」를 활용해 「往復で お願い
> します(오-후쿠데 오네가이시마스)」라고 말합니다.

💬 **다음 도쿄행 신칸센은 몇 시에 출발하나요?**

<ruby>次<rt>つぎ</rt></ruby>の <ruby>東京<rt>とうきょう</rt></ruby><ruby>行<rt>ゆ</rt></ruby>きの <ruby>新幹線<rt>しんかんせん</rt></ruby>は <ruby>何時<rt>なんじ</rt></ruby>に <ruby>出発<rt>しゅっぱつ</rt></ruby>しますか。

츠기노 토-쿄-유키노 싱칸셍와 난지니 슙빠쯔시마스까?

💬 **도쿄행 신칸센은 몇 번 플랫폼에서 출발하나요?**

<ruby>東京<rt>とうきょう</rt></ruby><ruby>行<rt>ゆ</rt></ruby>きの <ruby>新幹線<rt>しんかんせん</rt></ruby>は <ruby>何番<rt>なんばん</rt></ruby> ホームから <ruby>出発<rt>しゅっぱつ</rt></ruby>しますか。

토-쿄-유키노 싱칸셍와 남방 호-무까라 슙빠쯔시마스까?

💬 **승차권 환불 가능한가요?**

<ruby>乗車券<rt>じょうしゃけん</rt></ruby>の <ruby>払<rt>はら</rt></ruby>い<ruby>戻<rt>もど</rt></ruby>し、できますか。

죠-샤켄노 하라이모도시, 데키마스까?

💬 **신칸센을 놓쳤는데요….**

<ruby>新幹線<rt>しんかんせん</rt></ruby>に <ruby>乗<rt>の</rt></ruby>り<ruby>遅<rt>おく</rt></ruby>れましたが…。

싱칸센니 노리오쿠레마시타가

기차표 사기 039.mp3

나고야역까지 어른 1명 주세요.

名古屋駅まで 大人 ひとり、お願いします。

나고야에키마데 오토나 히토리, 오네가이시마스

어른 1명이요. 지정석으로 하시나요?

大人 ひとりですね。指定席ですか。

오토나 히토리데스네   시떼-세키데스까?

아니요, 자유석으로 부탁합니다.

いいえ、自由席で お願いします。

이-에, 지유-세키데 오네가이시마스

(표를 건네며) 네, 여기 있습니다.

はい、どうぞ。

하이, 도-조

84

공항에서 숙소로!

공항에서 내리자마자 다른 나라 말로 적힌 표지판이 보이면, 여행이 시작되었다는 게 이제서야 실감 납니다. 여행을 본격적으로 시작하기 전에 숙소까지 찾아가 봅시다!

숙소가 시내에 있다면 우선 시내까지 나가야 하는데요,

공항 → 시내

교통수단은 이러한 방법들이 있어요.

① 기차 (NEX, 스카이라이너 등등)
② 리무진 버스
③ 전철 ④ 택시

저는 개인적으로 기차와 리무진 버스를 애용합니다. 만약 기차를 타게 된다면 기차역의 도시락 (에키벤)을 드셔 보세요. 특히 지역과 시기마다 다른 한정 도시락에 도전해 보는 걸 추천합니다.

기찻길 경치 만끽, 도시락 만끽..

간사이 지역 한정 항아리 문어 도시락

거리가 많이 멀다면 기차를, 환승 없이 편하게 가고 싶다면 리무진 버스, 구입한 교통 패스권을 활용하고 싶다면 전철을 고르는 등 각자 예산과 시간에 맞는 교통수단을 고르면 되겠지요?

식어있지만 생각보다 맛있답니다. 여행이라 그런지 뭘 먹어도 새롭고 맛있게 느껴지는 걸지도 모르겠네요 😊

PART 2

호텔에서

체크인하기 040.mp3

호텔에 도착했다면 먼저 프런트에 가서 체크인을 합니다. 호텔 프런트는 일본 어로 「フロント(후론토)」, 「レセプション(레세푸숑)」, 「受付(우케츠케)」 등 다양 하게 표현할 수 있습니다.

❶	ホテル	호테루	호텔
❷	受付	우케츠케	접수
❸	レセプション	레세푸숑	리셉션, 호텔 프런트

이 단어를 따라오세요

2 호텔에서

(호텔) 프런트 フロント 후론토	**체크인** チェックイン 첵크잉
얼리 체크인 アーリーチェックイン 아-리-첵크잉	**레이트 체크아웃** レイトチェックアウト 레이토첵크아우토
1박 2일 いっぱく ふつか １泊２日 입빠쿠후쯔카	**2박 3일** に はく みっか ２泊３日 니하쿠믹까
예약 よ やく 予約 요야쿠	**조식, 아침 식사** ちょうしょく 朝食 쵸-쇼쿠
이름 な まえ 名前 나마에	

방 部屋 헤야	**더블룸** ダブルルーム 다부루루-무
트윈룸 ツインルーム 츠인루-무	**트리플룸** トリプルルーム 토리푸루루-무
만실 満室 만시쯔	**금연룸** 禁煙ルーム 킹엔루-무
흡연룸 喫煙ルーム 키쯔엔루-무	
빈 방 空き部屋 아키베야	**조용한 방** 静かな 部屋 시즈카나 헤야

이 패턴을 따라오세요

① 체크인은 몇 시부터인가요?

チェックインは 何時からですか。
^{なん じ}

첵크잉와 난지까라데스까?

조식, 아침 식사
朝食
^{ちょうしょく}
쵸-쇼쿠

수영장
プール
푸-루

헬스장
ジム
지무

② 트윈룸을 부탁합니다.

ツインルームを お願いします。
^{ねが}

츠인루-무오 오네가이시마스

금연룸
禁煙ルーム
^{きんえん}
킹엔루-무

흡연룸
喫煙ルーム
^{きつえん}
키쯔엔루-무

조용한 방
静かな 部屋
^{しず} ^{へや}
시즈카나 헤야

91

이럴 때, 어떻게 말하나요?

💬 **체크인 부탁합니다.**

チェックインを お願いします。

쳇쿠잉오 오네가이시마스

💬 **예약하신 분 성함을 알려 주세요.**

ご予約の お名前を お願いします。

고요야쿠노 오나마에오 오네가이시마스

💬 **체크인하시는 건가요?**

チェックインで よろしいですか。

쳇쿠인데 요로시이데스까?

💬 **얼리 체크인은 가능한가요?**

アーリーチェックインは できますか。

아-리-쳇쿠잉와 데키마스까?

💬 **지금 바로 체크인이 가능한가요?**

今 すぐ チェックイン できますか。

이마 스구 쳇쿠인 데키마스까?

💬 체크인은 몇 시부터 가능한가요?

チェックインは 何時^{なんじ}から できますか。

쳇크잉와 난지까라 데키마스까?

💬 숙박자 카드에 기입을 부탁드립니다.

宿泊者^{しゅくはくしゃ}カードに ご記入^{きにゅう} お願^{ねが}いします。

슈쿠하쿠샤카-도니 고키뉴- 오네가이시마스

💬 여기에 서명 부탁드립니다.

こちらに サインを お願^{ねが}いします。

고치라니 사잉오 오네가이시마스

💬 며칠 동안 묵으실 예정이신가요?

何泊^{なんぱく}の ご予定^{よてい}ですか。

남빠쿠노 고요떼-데스까?

💬 오늘부터 1박 2일 예약하신 것이 맞으십니까?

今日^{きょう}から 1泊2日^{いっぱくふつか}の ご予約^{よやく}で よろしいでしょうか。

쿄-까라 입빠쿠후쯔카노 고요야쿠데 요로시이데쇼-까?

> **tip**
>
> 2박 3일은 「2泊3日 (니하쿠믹까)」, 3박 4일은 「3泊4日 (삼빠쿠욕까)」라고 한답니다.

💬 체크인 시간까지 짐을 맡길 수 있나요?

チェックインの 時間まで 荷物を 預かって もらえますか。

첵크인노 지캄마데 니모쯔오 아즈캇떼 모라에마스까?

💬 체크아웃은 몇 시예요?

チェックアウトは 何時ですか。

첵크아우토와 난지데스까?

💬 조식은 몇 시부터예요?

朝食は 何時からですか。

쵸-쇼쿠와 난지까라데스까?

💬 조식은 어디서 먹나요?

朝食は どこで 食べますか。

쵸-쇼쿠와 도코데 타베마스까?

💬 조식은 아침 6시부터 9시까지 레스토랑에서 드실 수 있습니다.

ご朝食は 朝6時から 9時まで レストランで お召し上がり いただけます。

고쵸-쇼쿠와 아사로쿠지까라 쿠지마데 레스토란데 오메시아가리 이따다케마스

💬 가능하면 트윈룸을 부탁하고 싶은데요….

できれば ツインルームを お願いしたいのですが…。

데키레바 츠인루-무오 오네가이시타이노데스가

💬 싱글룸을 부탁합니다.

シングルルームを お願いします。

싱구루루-무오 오네가이시마스

💬 전망 좋은 방을 부탁합니다.

眺めの よい 部屋を お願いします。

나가메노 요이 헤야오 오네가이시마스

💬 조용한 방을 부탁합니다.

静かな 部屋を お願いします。

시즈카나 헤야오 오네가이시마스

💬 샤워 부스가 있는 방을 부탁합니다.

シャワーブース付きの 部屋を お願いします。

샤와-부-스츠키노 헤야오 오네가이시마스

💬 더블룸으로 예약했는데, 트윈룸으로 바꿔 줄 수 있나요?

ダブルルームで 予約したんですが、ツインルームに
かえて もらえますか。

다부루루-무데 요야쿠시딴데스가, 츠인루-무니
카에떼 모라에마스까?

💬 지금 빈방이 있는지 확인할 테니, 잠시만 기다려 주십시오.

ただいま 空き部屋の ご確認を しますので、
少々 お待ちください。

타다이마 아키베야노 고카쿠닝오 시마스노데,
쇼-쇼- 오마치구다사이

💬 트윈룸은 만실입니다.

ツインルームは 満室です。

츠인루-무와 만시쯔데스

💬 더블룸이라면 빈방이 있습니다.

ダブルルームなら 空き部屋が あります。

다부루루-무나라 아키베야가 아리마스

체크인하기 `044.mp3`

체크인 부탁합니다.

チェックインを お願^{ねが}いします。

첵크잉오 오네가이시마스

예약하신 분 성함을 알려 주세요.

ご予約^{よやく}の お名前^{なまえ}を お願^{ねが}いします。

고요야쿠노 오나마에오 오네가이시마스

이유진입니다.

イ・ユジンです。

이유진데스

이유진 님이시군요.
예약 바우처와 여권을 부탁드립니다.

イ・ユジン様^{さま}ですね。

이유진사마데스네

**予約^{よやく}バウチャーと パスポートを
お願^{ねが}いします。**

요야쿠바우챠-또 파스포-토오
오네가이시마스

원하는 방 요청하기 045.mp3

가능하면 트윈룸을 부탁하고 싶은데요….

できれば ツインルームを
お願いしたいのですが…。

데키레바 츠인루-무오
오네가이시타이노데스가

네, 잘 알겠습니다.

はい、かしこまりました。

하이, 카시코마리마시타

방에 욕조는 있나요?

部屋に バスタブは ありますか。

헤야니 바스타부와 아리마스까?

네, 욕조가 딸린 방입니다.

はい、バスタブ付きの 部屋です。

하이, 바스타부츠키노 헤야데스

호텔 시설 안내 046.mp3

7	ラウンジ ①	
6	客室	601~628
5	客室 ②	501~528
4	客室	401~428
3	プール ③	
2	レストラン ④	
1	ロビー・フロント ⑤	

①	ラウンジ	라운지	라운지
②	客室 きゃくしつ	캬쿠시쯔	객실
③	プール	푸-루	수영장
④	レストラン	레스토랑	레스토랑, 식당
⑤	ロビー	로비-	로비

047.mp3

몇 층 なんがい 何階 낭가이	엘리베이터 エレベーター 에레베-타-
에스컬레이터 エスカレーター 에스카레-타-	헬스장, 체육관 ジム 지무
사우나 サウナ 사우나	카페 カフェ 카훼
편의점 コンビニ 콤비니	
공중목욕탕 だいよくじょう 大浴場 다이요쿠죠-	비즈니스 센터 ビジネスセンター 비지네스센타-

이 패턴을 따라오세요

① 레스토랑은 몇 층인가요?

レストランは 何階_{なんがい}ですか。

레스토랑와 낭가이데스까?

라운지

ラウンジ

라운지

헬스장, 체육관

ジム

지무

비즈니스 센터

ビジネスセンター

비지네스센타-

② 5층에 있습니다.

5階_{ごかい}に あります。

고카이니 아리마스

아래층

下_{した}の 階_{かい}

시타노 카이

통로 왼쪽

通路_{つうろ}の 左_{ひだり}

츠-로노 히다리

이쪽

こちら

고치라

이럴 때, 어떻게 말하나요?

049.mp3

💬 **방은 6층입니다.**

お部屋は 6階になります。

오헤야와 록까이니나리마스

💬 **고객님의 방은 12층입니다.**

お客さんの 部屋は 12階です。

오캬쿠산노 헤야와 쥬-니카이데스

★ 실력UP ★

お客様の お部屋は
12階でございます。

오캬쿠사마노 오헤야와
쥬-니카이데고자이마스

💬 **방 키를 드리겠습니다.**

こちらが お部屋の かぎでございます。

고치라가 오헤야노 카기데고자이마스

💬 **방 안에서 와이파이는 사용할 수 있나요?**

部屋の 中で Wi-Fiは 使えますか。

헤야노 나카데 와이화이와 츠카에마스까?

💬 **객실 내에서는 무료 와이파이를 이용하실 수 있습니다.**

客室内では 無料Wi-Fiを ご利用いただけます。

캬쿠시쯔나이데와 무료-와이화이오 고리요-이따다케마스

💬 **숙박객은 헬스장을 24시간 무료로 이용하실 수 있습니다.**

ご宿泊の お客様は ジムを 24時間 無料で
ご利用いただけます。

고슈쿠하쿠노 오캬쿠사마와 지무오 니쥬-요지캉 무료-데
고리요-이따다케마스

💬 **객실 내 미니바는 유료입니다.**

客室内の ミニバーの ご利用は 有料です。

캬쿠시쯔나이노 미니바-노 고리요-와 유-료-데스

💬 **엘리베이터는 어디에 있나요?**

エレベーターは どこに ありますか。

에레베-타-와 도코니 아리마스까?

💬 **레스토랑은 몇 층인가요?**

レストランは 何階ですか。

레스토랑와 낭가이데스까?

💬 **레스토랑은 5층에 있습니다.**

レストランは 5階に あります。

레스토랑와 고카이니 아리마스

회화로 연습해 봅시다

호텔 시설 안내 (050.mp3)

방은 7층의 701호실입니다. 여기 방 키입니다.

お部屋は 7階の 701号室です。
오헤야와 나나카이노 나나마루이치고-시쯔데스

こちらが お部屋の かぎでございます。
고치라가 오헤야노 카기데고자이마스

엘리베이터는 어디에 있나요?

エレベーターは どこに ありますか。
에레베-타-와 도코니 아리마스까?

통로 왼쪽 엘리베이터를 이용해 주세요.

通路の 左の エレベーターを ご利用ください。
쯔-로노 히다리노 에레베-타-오 고리요-구다사이

감사합니다.

ありがとうございます。
아리가또-고자이마스

편히 쉬세요.

ごゆっくり どうぞ。
고육꾸리 도-조

104

요청하기 / 불만 사항 말하기 (051.mp3)

호텔에서 룸서비스를 시키거나 요청 사항이 있을 때는 객실 내 전화기로 호텔 프런트에 연락을 합니다. 원하는 시간에 모닝콜을 부탁할 수도 있어요. 아래의 단어를 잘 보고 전화기의 올바른 버튼을 눌러 프런트에 연락해 봅시다.

❶	フロント	후론토	호텔 프런트
❷	ルームサービス	루-무사-비스	룸서비스
❸	モーニングコール	모-닝구코-루	모닝콜
❹	メッセージ	멧쎄-지	메시지

룸서비스 ルームサービス 루-무사-비스	**주문** 注文 쥬-몽
다른 것 違うもの 치가우모노	**담요** 毛布 모-후
[목욕] 수건 (バス)タオル (바스)타오루	**치약** 歯磨き粉 하미가키코
얼음 氷 코-리	
샴푸 シャンプー 샴푸-	**비누** せっけん 섹껭

고장 こしょう 故障 코쇼-	**확인** かくにん 確認 카쿠닝
헤어드라이어 ドライヤー 도라이야-	**TV, 텔레비전** テレビ 테레비
에어컨 エアコン 에아콩	**컵, 찻잔** カップ 캅푸
화장지, 휴지 トイレットペーパー 토이렛토페-파-	

053.mp3

① 룸서비스를 부탁해도 될까요?

ルームサービスを お願^{ねが}いできますか。

루-무사-비스오 오네가이데키마스까?

모닝콜	**그릇 정리**	**새로운 수저**
モーニングコール	食器^{しょっき}の 片付^{かたづ}け	新^{あたら}しい スプーン
모-닝구코-루	숏끼노 카타즈케	아타라시이 스푸-웅

② 담요를 하나(한 장) 더 주세요.

毛布^{もうふ}を もう 1枚^{いちまい} ください。

모-후오 모- 이치마이 구다사이

수건	**한 장**	**주스**	**한 잔**
タオル	1枚^{いちまい}	ジュース	1杯^{いっぱい}
타오루	이치마이	쥬-스	입빠이

③ 에어컨이 고장 났어요.

エアコンが 壊れて います。

에아콩가 코와레떼 이마스

텔레비전

テレビ

테레비

전화

電話

뎅와

헤어드라이어

ドライヤー

도라이야-

④ 방에 목욕 수건이 없어요.

部屋に バスタオルが ありません。

헤야니 바스타오루가 아리마셍

샴푸

シャンプー

샴푸-

휴지

トイレットペーパー

토이렛토페-파-

컵

カップ

캅푸

💬 **룸서비스를 부탁해도 될까요?**

ルームサービスを お願いできますか。

루-무사-비스오 오네가이데키마스까?

💬 **주문은 어떻게 하시겠습니까?**

ご注文は いかがなさいますか。

고츄-몽와 이카가나사이마스까?

💬 **오믈렛과 오렌지주스를 부탁합니다.**

オムレツと オレンジジュースを お願いします。

오무레츠또 오렌지쥬-스오 오네가이시마스

💬 **그 밖에 주문이 더 있으신가요?**

ほかに ご注文は ございますか。

호카니 고츄-몽와 고자이마스까?

💬 **얼마나 걸리나요?**

どれくらい かかりますか。

도레쿠라이 카카리마스까?

💬 룸서비스를 부탁했는데, (주문한 것과) 다른 것이 왔어요.

ルームサービスを お願いしましたが、違うものが
届きました。

루-무사-비스오 오네가이시마시타가, 치가우모노가 토도키마시타

💬 이건 주문하지 않았어요.

これは 頼んで いません。

고레와 타논데 이마셍

💬 30분 전에 룸서비스를 부탁했는데, 아직 안 왔어요.

30分前に ルームサービスを 頼んだのですが、
まだ 来て いません。

산쥬쁨마에니 루-무사-비스오 타논다노데스가, 마다 키떼 이마셍

💬 그릇은 문 앞에 내놓아 주세요.

食器は 廊下に 出しておいて ください。

숏끼와 로-카니 다시떼오이떼 구다사이

💬 그릇을 치워 주시겠어요?

食器を 片付けて もらえますか。

숏끼오 카타즈케떼 모라에마스까?

💬 가습기 있나요?

加湿器 ありますか。
かしつき

카시쯔키 아리마스까?

💬 방 키를 하나 더 주시겠어요?

部屋の かぎを もう ひとつ いただけますか。
へや

헤야노 카기오 모- 히토쯔 이따다케마스까?

💬 수건을 한 장 더 갖다주시겠어요?

タオルを もう 1枚 持ってきて もらえますか。
いちまい も

타오루오 모- 이치마이 못떼키떼 모라에마스까?

💬 담요를 하나 더 주세요.

毛布を もう 1枚 ください。
もう ふ いちまい

모-후오 모- 이치마이 구다사이

💬 물과 얼음을 부탁합니다.

お水と 氷を お願いします。
みず こおり ねが

오미즈또 코-리오 오네가이시마스

tip

일본어로 「お湯(오유)」와 「水(미즈)」의 차이를 아시나요? 「お湯」는 따뜻한 물을 의미
하는 것으로, 목욕물을 의미하기도 합니다. 「水」는 반대로 따뜻하지 않은 물을 의미하
고, '찬물, 얼음물'을 말할 때는 「おひや(오히야)」라고 하기도 합니다.

💬 칫솔이 필요한데요….

歯ブラシが ほしいのですが…。

하부라시가 호시이노데스가

💬 바로 가져다드리겠습니다.

すぐに お持ちいたします。

스구니 오모치이따시마스

💬 욕실에 뜨거운 물이 안 나와요.

お風呂の お湯が 出ません。

오후로노 오유가 데마셍

💬 방 키가 안 되는데, 확인해 주시겠어요?

ルームキーが 使えないのですが、確認して もらえますか。

루-무키-가 츠카에나이노데스가, 카쿠닌시떼 모라에마스까?

💬 방에 목욕 수건이 없어요.

部屋に バスタオルが ありません。

헤야니 바스타오루가 아리마셍

💬 아침 7시에 모닝콜을 부탁해도 될까요?

朝 7時に モーニングコールを お願いできますか。

아사 시치지니 모-닝구코-루오 오네가이데키마스까?

💬 텔레비전이 안 나와요.

テレビが 映（うつ）りません。

테레비가 우츠리마셍

💬 에어컨이 고장 났어요.

エアコンが 壊（こわ）れて います。

에아콩가 코와레떼 이마스

> **tip**
>
> 같은 상황에서 「エアコンが 故障して います(에아콩가 코쇼-시떼 이마스)」라고 표현할 수도 있어요.

💬 화장실 물이 잘 안 내려가요.

トイレの 水（みず）が よく 流（なが）れません。

토이레노 미즈가 요쿠 나가레마셍

💬 옆 방이 시끄러워요.

となりの 部屋（へや）が うるさいです。

토나리노 헤야가 우루사이데스

💬 배수구가 막혔어요.

排水口（はいすいこう）が 詰（つ）まって います。

하이스이코-가 쯔맛떼 이마스

114

💬 **창문이 안 열려요.**

窓が 開きません。

마도가 아키마셍

💬 **이상한 냄새가 나요.**

変な においが します。

헨나 니오이가 시마스

💬 **다른 방으로 바꿔 주시겠어요?**

ほかの 部屋に かえて もらえますか。

호까노 헤야니 카에떼 모라에마스까?

💬 **담당자가 바로 가겠습니다.**

すぐに 責任者が 参ります。

스구니 세키닌샤가 마이리마스

💬 **불편을 끼쳐 드려 죄송합니다.**

ご不便を おかけして しまい、申し訳ございません。

고후벵오 오카케시떼 시마이, 모-시와케고자이마셍

룸서비스 주문하기 （055.mp3）

게스트 서비스의 기무라입니다.

ゲストサービスの 木村と 申します。

게스토사-비스노 키무라또 모-시마스

701호실인데, 룸서비스를 부탁해도 될까요?

701号室ですが、ルームサービスを
お願いできますか。

나나마루이치고-시쯔데스가, 루-무사-비스오
오네가이데키마스까?

네, 주문은 어떻게 하시겠습니까?

はい、 ご注文は いかがなさいますか。

하이, 고츄-몽와 이카가나사이마스까?

콘티넨털 조식 하나 부탁합니다.

コンチネンタル ブレックファーストを
ひとつ お願いします。

콘치넨타루 부렉크화-스토오
히토쯔 오네가이시마스

116

필요한 물건 요청하기 `056.mp3`

701호실인데, 가습기 있나요?

701号室ですが、加湿器 ありますか。
<small>ななまるいちごうしつ / か しつ き</small>

나나마루이치고-시쯔데스가, 카시쯔키 아리마스까?

네, 있습니다.

はい、あります。

하이, 아리마스

죄송하지만, 방에 갖다주실 수 있나요?

すみませんが、部屋まで 持ってきて
<small>へ や / も</small>
もらえますか。

스미마셍가, 헤야마데 못떼키떼 모라에마스까?

**네, 잠시 기다려 주세요.
바로 가져다드리겠습니다.**

はい、少々 お待ちください。
<small>しょうしょう / ま</small>

하이, 쇼-쇼- 오마치구다사이

すぐに お持ちいたします。
<small>も</small>

스구니 오모치이따시마스

불만 사항 말하기 057.mp3

프런트 데스크입니다.

フロントデスクです。
후론토데스크데스

701호실인데요, 욕실에 뜨거운 물이 안 나와요.

**701号室ですが、お風呂の お湯が
出ません。**
나나마루이치고-시쯔데스가, 오후로노 오유가
데마셍

알겠습니다. 바로 확인하겠습니다.

かしこまりました。
카시코마리마시타

すぐに 確認いたします。
스구니 카쿠닝이따시마스

체크아웃하기 058.mp3

まるまるホテル

△○様　　　　部屋番号　1302号室

① 部屋タイプ　シングルルーム

② 宿泊代　　　　　　　　　　　15000円

　エキストラベッド代　　　　　　　1000円 ③

　ミニバー代 ④　　　　　　　　　1240円

合計　　　　　　　　　　　　　17240円

①	部屋タイプ	헤야타이푸	방 타입
②	宿泊代	슈쿠하쿠다이	숙박 요금
③	エキストラベッド代	에키스토라벳도다이	추가 침대 요금
④	ミニバー代	미니바-다이	미니바 이용 요금

119

알고 있나요?

짐 맡기기 `059.mp3`

まるまるホテル

① お荷物預かり証

② 日付	11/5
③ お名前	イ・ユジン様
④ お部屋番号	1302号室
お荷物の ⑤ 個数	1

❶	お荷物預かり証	오니모쯔아즈카리쇼-	짐 보관증
❷	日付	히즈케	날짜
❸	(お)名前	(오)나마에	이름
❹	(お)部屋番号	(오)헤야방고-	방 번호
❺	個数	코스-	개수

120

체크아웃 チェックアウト 첵크아우토	결제, 지불 支払い 시하라이
요금 料金 료-낑	현금 現金 겡낑
신용 카드 クレジットカード 크레짓토카-도	깨지는 물건 われもの 와레모노
출발 시간 出発時間 슙빠츠지깡	

2 호텔에서

121

이 패턴을 따라오세요

061.mp3

① 짐을 맡아 주실 수 있나요?

荷物を 預かって もらえますか。
니모쯔오 아즈캇떼 모라에마스까?

택시	불러	출발 시간	가르쳐
タクシー	呼んで	出発時間	教えて
타쿠시-	욘데	슙빠츠지깡	오시에떼

② 공항 가는 셔틀버스는 언제 출발하나요?

空港行きの シャトルバスは いつ 出発しますか。
쿠-코-유키노 샤토루바스와 이쯔 슙빠츠시마스까?

리무진 버스	몇 시에	버스	몇 분에
リムジンバス	何時に	バス	何分に
리무진바스	난지니	바스	남뿐니

122

이럴 때, 어떻게 말하나요?

💬 **체크아웃하시겠어요?**

チェックアウトで よろしいでしょうか。

첵크아우토데 요로시이데쇼-까?

💬 **방 키를 주시겠습니까?**

部屋の かぎを いただけますか。

헤야노 카기오 이따다케마스까?

💬 **신용 카드로 지불할 수 있나요?**

クレジットカードで 支払えますか。

크레짓토카-도데 시하라에마스까?

💬 **현금도 괜찮은가요?**

現金でも いいですか。

겡낀데모 이이데스까?

💬 **현금으로 부탁합니다.**

現金で お願いします。

겡낀데 오네가이시마스

123

미니바는 이용하셨나요?

ミニバーは ご利用になりましたか。

미니바-와 고리요-니나리마시타까?

청구 내용을 확인해 주세요.

こちらの ご請求内容を ご確認くださいませ。

고치라노 고세-큐-나이요-오 고카쿠닝구다사이마세

이 요금은 뭐예요?

この 料金は 何ですか。

고노 료-낑와 난데스까?

룸서비스 금액이 틀립니다.

ルームサービスの 金額が 間違って います。

루-무사-비스노 킹가쿠가 마치갓떼 이마스

잘 쉬셨나요?

ゆっくり お休みになれましたか。

육꾸리 오야스미니나레마시타까?

💬 지내시면서 불편한 점은 없으셨나요?

ご滞在中に ご不便など ございませんでしたか。

고타이자이츄-니 고후벤나도 고자이마센데시타까?

💬 저희 호텔을 이용해 주셔서 감사합니다.

当ホテルを ご利用いただき、ありがとうございました。

토-호테루오 고리요-이따다키, 아리가또-고자이마시타

💬 다음에도 또 방문해 주시길 기다리고 있겠습니다.

またの お越しを お待ちして おります。

마타노 오코시오 오마치시떼 오리마스

💬 안녕히 돌아가십시오.

気を つけて お帰りください。

키오 츠케떼 오카에리구다사이

💬 **4시까지 짐을 맡길 수 있나요?**

４時まで 荷物を 預かって もらえますか。

요지마데 니모쯔오 아즈캇떼 모라에마스까?

💬 **공항 셔틀버스 시간까지 여행 가방을 한 개 맡길 수 있나요?**

空港シャトルバスの 時間まで スーツケースを ひとつ
預かって もらえますか。

쿠-코-샤토루바스노 지캄마데 스-츠케-스오 히토쯔
아즈캇떼 모라에마스까?

💬 **짐은 몇 개인가요?**

お荷物は いくつでしょうか。

오니모쯔와 이쿠쯔데쇼-까?

💬 **맡기실 짐은 몇 개입니까?**

お預けになる お荷物は 何個ですか。

오아즈케니나루 오니모쯔와 낭꼬데스까?

💬 **깨지는 물건이 들어 있어요.**

われものが 入って います。

와레모노가 하잇떼 이마스

💬 **여기 보관증입니다.**

こちらが お預_{あず}かり証_{しょう}でございます。

고치라가 오아즈카리쇼-데고자이마스

💬 **수령할 때는 뭔가 필요한가요?**

受_うけ取_とりの ときは、何_{なに}か 必要_{ひつよう}ですか。

우케토리노 토키와, 나니까 히쯔요-데스까?

💬 **맡긴 짐을 받고 싶은데요….**

荷物_{にもつ}を 受_うけ取_とりたいんですが…。

니모쯔오 우케토리타인데스가

💬 택시를 불러 주세요.

タクシーを 呼んで ください。

타쿠시-오 욘데 구다사이

> **tip**
>
> 같은 상황에서 「タクシーを お願いします(타쿠시-오 오네가이시마스)」라고 말할 수도
> 있어요.

💬 공항까지 가는 셔틀버스가 있습니다.

空港まで 行く シャトルバスが あります。

쿠-코-마데 이쿠 샤토루바스가 아리마스

💬 리무진 버스는 예약이 필요합니다.

リムジンバスは ご予約が 必要となります。

리무짐바스와 고요야쿠가 히쯔요-또나리마스

💬 공항까지 가는 리무진 버스를 예약하고 싶은데요….

空港までの リムジンバスを 予約したいのですが…。

쿠-코-마데노 리무짐바스오 요야쿠시타이노데스가

💬 공항에 가는 셔틀버스는 몇 시 출발인가요?

空港に 行く シャトルバスは 何時発ですか。

쿠-코-니 이쿠 샤토루바스와 난지하쯔데스까?

💬 공항행 셔틀버스는 언제 출발하나요?

空港行きの シャトルバスは いつ 出発しますか。

쿠-코-유키노 샤토루바스와 이쯔 슙빠쯔시마스까?

💬 다음 리무진 버스는 몇 시에 출발하나요?

次の リムジンバスは 何時に 出発しますか。

츠기노 리무짐바스와 난지니 슙빠쯔시마스까?

💬 공항까지 가는 리무진 버스는 어디서 타나요?

空港までの リムジンバスは どこで 乗りますか。

쿠-코-마데노 리무짐바스와 도코데 노리마스까?

💬 공항까지 가는 버스의 정류장은 어디인가요?

空港までの バスの のりばは どこですか。

쿠-코-마데노 바스노 노리바와 도코데스까?

체크아웃하기 `063.mp3`

체크아웃 부탁합니다.

チェックアウト お願いします。

첵크아우토 오네가이시마스

네, 여기 청구서입니다.
결제는 어떻게 하시겠습니까?

はい、こちらが 請求書でございます。

하이, 고치라가 세-큐-쇼데고자이마스

お支払いは いかがなさいますか。

오시하라이와 이카가나사이마스까?

신용 카드로 해 주세요.

クレジットカードで お願いします。

크레짓토카-도데 오네가이시마스

짐 맡기기 064.mp3

4시까지 짐을 맡길 수 있나요?

4時まで 荷物を 預かって もらえますか。
요지마데 니모쯔오 아즈캇떼 모라에마스까?

2 호텔에서

물론입니다. 짐은 몇 개인가요?

もちろんです。
모찌론데스

お荷物は いくつでしょうか。
오니모쯔와 이쿠쯔데쇼-까?

2개입니다.

ふたつです。
후타쯔데스

알겠습니다. 이 짐 보관증을 가지고 계십시오.

かしこまりました。
카시코마리마시타

この お荷物お預かり証を お持ちください。
고노 오니모쯔오아즈카리쇼-오 오모치구다사이

131

공항까지의 교통수단 065.mp3

공항까지 가고 싶은데요….

空港まで 行きたいんですが…。

쿠-코-마데 이키타인데스가

공항까지 가는 리무진 버스가 있습니다.

空港行きの リムジンバスが あります。

쿠-코-유키노 리무짐바스가 아리마스

공항까지 시간은 얼마나 걸리나요?

空港まで どれくらい かかりますか。

쿠-코-마데 도레쿠라이 카카리마스까?

1시간 정도 걸립니다.

1時間ぐらいです。

이치지깡구라이데스

재미있는 일본의 음식 이름

일본의 식당 메뉴판을 보면 가끔씩 재미있는 음식 이름이 눈에 띕니다. 제가 처음 일본에 갔을 때, 제일 신기하고 재미있었던 음식 이름은 '오야코동(親子丼)'이었습니다. '오야코돈부리'라고도 하는데, 일본어로 '오야(親)'는 부모, '코(子)'는 자식을 뜻하며, '동(丼)'은 '돈부리'의 준말로, 사발이나 덮밥을 의미합니다. 합치면 '부모 자식 덮밥'이라는 뜻이 되지요. 어쩐지 잔인하게(?) 느껴지는 이름이지 않나요? 실은 '오야코동(親子丼)'은 닭고기에 계란을 풀어 넣은 덮밥을 말하는 것으로, 여기서 '부모'는 덮밥에 들어가는 닭고기를 뜻하고, '자식'은 계란을 뜻한답니다.

또 다른 재미있는 이름을 가진 일본 음식으로는 '다이가쿠이모(大学芋)'가 있습니다. 이 음식은 길거리를 지나가다 보면 보이는 간식으로, 우리나라의 고구마맛탕과 비슷한 음식입니다. 일본어로 '이모(芋)'는 '감자, 고구마, 토란' 등을 총칭하는 말로, '다이가쿠이모(大学芋)'를 직역하자면 '대학교 고구마'라고 할 수 있겠지요. 이 이름에 대한 여러 설이 있는데, 그 중 하나는 일본의 다이쇼 시대(1912~1926)부터 쇼와 시대(1926~1989)에 걸쳐 당시 대학가였던 일본 도쿄의 간다 지역의 대학생들이 즐겨 먹었다고 해서 그 이름이 붙여졌다는 이야기입니다. 또한 도쿄대학교의 상징이라 할 수 있는 아카몬(赤門) 앞의 찐 고구마와 감자를 팔던 가게에서 꿀을 묻힌 고구마를 판 것이 대학생들 사이에서 인기를 얻게 되어 '다이가쿠이모'라고 부르게 되었다는 이야기도 있습니다.

마지막으로 소개할 음식 이름은 한국에서도 자주 먹는 '샤브샤브(しゃぶしゃぶ)'입니다. 이 이름은 1952년 일본 오사카의 '에스히로'라는 식당 사장님이 잠방잠방 물수건을 빠는 직원의 모습을 보고 냄비에 고기를 담갔다 먹는 모양을 떠올려, 잠방잠방하는 소리를 일본어로 표현한 「じゃぶじゃぶ(쟈부쟈부)」에서 따와 지어지게 되었다고 합니다.

PART

3

식당에서

이 단어를 따라오세요

식당 입구에서 066.mp3

몇 분 なんめいさま 何名様 남메-사마	**예약** よやく 予約 요야쿠
자리 せき 席 세키	**카운터석** せき カウンター席 카운타-세키
테이블석 せき テーブル席 테-부루세키	**좌식 자리** ざしきせき 座敷席 자시키세키
개인실 こしつ 個室 코시쯔	

136

① 한 명입니다.

ひとりです。
히토리데스

두 명
ふたり
후타리

세 명
さんにん
산닝

네 명
よにん
요닝

3 식당에서

② 김민지로 예약했어요.

キム・ミンジで 予約しました。
김민지데 요야쿠시마시타

오후 6시에
午後 6時に
고고 로쿠지니

1시에 두 명
1時に ふたり
이치지니 후타리

개인실로
個室で
코시쯔데

068.mp3

💬 **어서 오세요. 몇 분이신가요?**

いらっしゃいませ。何名様ですか。

이랏쌰이마세　　　　　남메-사마데스까?

💬 **예약은 하셨나요?**

予約は しましたか。

요야쿠와 시마시타까?

💬 **김민지로 예약했어요.**

キム・ミンジで 予約しました。

김민지데 요야쿠시마시타

💬 **아니요, 예약은 하지 않았어요.**

いいえ、予約は して いません。

이-에, 요야쿠와 시떼 이마셍

💬 **자리는 있나요?**

席は 空いて いますか。

세키와 아이떼 이마스까?

💬 **죄송하지만, 지금은 만석입니다.**

申し訳ございませんが、ただいま 満席でございます。

모-시와케고자이마셍가, 타다이마 만세키데고자이마스

138

💬 **얼마나 기다려야 하나요?**

どれくらい 待ちますか。

도레쿠라이 마치마스까?

💬 **20분 정도 걸릴 것 같아요.**

20分ほど かかりそうです。

니쥽뿡호도 카카리소-데스

💬 **카운터 자리로 부탁합니다.**

カウンター席で お願いします。

카운타-세키데 오네가이시마스

> **tip**
>
> 테이블 자리는「テーブル席(테-부루세키)」, 다다미방처럼 좌식으로 된 자리는「座敷席
> (자시키세키)」라고 한답니다.

💬 **오래 기다리셨습니다. 이쪽으로 오세요.**

お待たせしました。こちらへ どうぞ。

오마타세시마시타   고치라에 도-조

> **tip**
>
> 「どうぞ(도-조)」는 우리말로는 '아무쪼록, 잘'이라는 의미로, 상대에게 정중하게 무엇
> 을 권하거나 바랄 때 사용할 수 있는 아주 유용한 표현입니다. 예를 들어 손님에게 의
> 자에 앉을 것을 권할 때「どうぞ」라고 하면 '어서 앉으세요', 차를 권하면서「どうぞ」
> 라고 하면 '차 드세요', 손님을 맞으며「どうぞ」라고 하면 '들어오세요' 라는 뜻이 됩
> 니다. 이때 응하는 쪽에서는「どうも(도-모: 감사합니다)」라고 말합니다.

회화로 연습해 봅시다

식당 입구에서 069.mp3

어서 오세요. 몇 분이신가요?

いらっしゃいませ。何名様ですか。
이랏쌰이마세　　　　남메-사마데스까?

두 명이에요.

ふたりです。
후타리데스

잠시만 기다려 주세요.

少々 お待ちください。
쇼-쇼- 오마치구다사이

오래 기다리셨습니다. 이쪽으로 오세요.

お待たせしました。こちらへ どうぞ。
오마타세시마시타　　　고치라에 도-조

주문하기 ① (070.mp3)

식당의 메뉴판은 일본어로 「メニュー(메뉴-)」라고 합니다. 자리에 앉아 메뉴판을 요청할 때는 「メニューを 見せて ください(메뉴-오 미세떼 구다사이)」라고 말합니다. 아래의 메뉴판을 보고 주문해 보세요.

❶	ドリンク	도링크	드링크, 음료
❷	デザート	데자-토	디저트, 후식
❸	カレー	카레-	카레
❹	パスタ	파스타	파스타
❺	軽食 (けいしょく)	케-쇼쿠	가벼운 식사

주문하기 ②

식권 판매기로 주문을 하는 가게에서는 기계에 돈을 넣고 원하는 메뉴의 버튼을 눌러 구매한 식권을 직원에게 건넵니다. 직원이 일부를 뜯어 돌려준다면 그 식권을 테이블 위에 두고 음식이 나올 때까지 기다리면 됩니다. 일본식 라면은 취향에 맞게 다양한 토핑을 추가하거나 국물의 농도, 면의 굵기나 익힘 정도, 토핑의 양을 고를 수 있습니다.

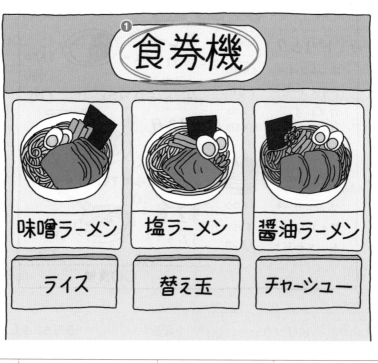

| ❶ | 食券機 しょっけん き | 쇼켕키 | 식권 판매기 |

일본의 라멘은 중화면과 돼지 뼈 육수를 베이스로 차슈, 죽순, 계란 등 다양한 재료를 조합한 면 요리입니다. 육수에 쓰이는 양념에 따라 미소라멘(味噌ラーメン, 된장라면), 시오라멘(塩ラーメン, 소금라면), 쇼유라멘(醬油ラーメン, 간장라면) 등으로 나뉘며, 진한 돼지 뼈 육수가 특징인 돈코쓰라멘(豚骨ラーメン), 육수를 찍어 먹는 쓰케멘(つけめん)도 있습니다. 아래의 주문표와 단어를 보고 취향에 맞게 주문해 봅시다.

주문표

オーダー用紙

오-다-요-시

원하시는 곳에 동그라미로 표시해 주세요.

お好みに ○を つけて ください。

오코노미니 마루오 츠케떼 구다사이

국물 농도 **味の 濃さ** 아지노 코사	진함 **濃いめ** 코이메	기본 **基本** 키홍	연함 **薄め** 우스메
면 익힘 정도 **麺の かたさ** 멘노 카타사	단단함 **かため** 카타메	기본 **基本** 키홍	부드러움 **やわらかめ** 야와라카메
조미유의 양 **油の 量** 아부라노 료-	많음 **多め** 오-메	기본 **基本** 키홍	적음 **少なめ** 스쿠나메

단품	세트	사이드 (메뉴)
<ruby>単品<rt>たんぴん</rt></ruby> 탐삥	**セット** 셋토	**サイド** 사이도
일반, 보통	곱빼기	특곱빼기
<ruby>並<rt>なみ</rt></ruby> 나미	<ruby>大盛り<rt>おお も</rt></ruby> 오-모리	<ruby>特盛<rt>とくもり</rt></ruby> 토쿠모리
굵은 면	얇은 면	아주 얇은 면
<ruby>太麺<rt>ふとめん</rt></ruby> 후토멩	<ruby>細麺<rt>ほそめん</rt></ruby> 호소멩	<ruby>極細麺<rt>ごくぼそめん</rt></ruby> 고쿠보소멩
담백함	진함, 기름짐	매우 진함
あっさり 앗싸리	**こってり** 콧떼리	<ruby>超<rt>ちょう</rt></ruby>**こってり** 쵸-콧떼리
보통	매운 정도	아주 매운 맛
<ruby>普通<rt>ふ つう</rt></ruby> 후쯔-	<ruby>辛さ<rt>から</rt></ruby> 카라사	<ruby>激辛<rt>げきから</rt></ruby> 게키카라
면사리	토핑	공기밥
<ruby>替え玉<rt>か だま</rt></ruby> 카에다마	**トッピング** 톱핑구	<ruby>ご飯<rt>はん</rt></ruby>・**ライス** 고항/라이스

차슈(삶은 돼지고기)	날계란	(계란) 반숙
チャーシュー 챠-슈-	<ruby>生<rt>なま</rt></ruby>**たまご** 나마타마고	<ruby>半熟<rt>はんじゅく</rt></ruby> 한쥬쿠
김	죽순	파
のり 노리	**メンマ** 멤마	**ねぎ** 네기
숙주나물	옥수수, 스위트콘	버터
もやし 모야시	**コーン** 코-옹	**バター** 바타-
마늘	미역	추가
にんにく 닌니쿠	**わかめ** 와카메	<ruby>追加<rt>ついか</rt></ruby> 쯔이카
없음	있음	리필 무료
なし 나시	**あり** 아리	**おかわり**<ruby>自由<rt>じゆう</rt></ruby> 오카와리지유-

071.mp3

메뉴(판) メニュー 메뉴-	**추천** おすすめ 오스스메
오늘의 점심 日替わりランチ 히가와리란치	**포장** 持ち帰り 모치카에리
음식, 먹을 것 食べ物 타베모노	**음료, 마실 것** 飲み物 노미모노
~없이, ~을 뺌 〜抜き 누키	
뜨거운, 핫(hot) ホット 홋토	**차가운, 아이스(ice)** アイス 아이스
곱빼기 大盛り 오-모리	**일반, 보통** 並 나미

146

이 패턴을 따라오세요

① 추천 세트를 하나 주세요.

おすすめセットを ひとつ ください。
오스스메 셋토오 히토쯔 구다사이

오늘의 점심	두 개	빨대	세 개
日替わりランチ	ふたつ	ストロー	みっつ
히가와리란치	후타쯔	스토로-	밋쯔

② 커피는 아이스로 주세요.

コーヒーは アイスで お願いします。
코-히-와 아이스데 오네가이시마스

초밥	고추냉이 뺀 걸	라멘	곱빼기
すし	わさび抜き	ラーメン	大盛り
스시	와사비누키	라-멩	오-모리

3 식당에서

147

일본의 식당에는 「日替わりランチ(히가와리란치)」혹은 「日替わり定食(히가와리테-쇼쿠)」라고 불리는 메뉴가 있습니다. 「日替わり(히가와리)」는 '날마다 바뀜'이라는 뜻으로, 「日替わりランチ(혹은 定食)」는 우리말로 '오늘의 점심(혹은 정식)'이라는 뜻입니다.

오늘의 점심 메뉴를 파는 식당에서는 점심시간 한정으로 매일 다른 메뉴를 하나씩 정해 평소에 팔던 금액보다 싼 가격으로 판매하기 때문에 일본의 직장인들이 부담 없이 즐긴다고 합니다. 가게마다 주력 메뉴는 다르지만 돈가스 정식, 생선구이 정식, 라면 등 그 종류는 상당히 다양하며, 가격대는 최소 650엔에서 최대 1000엔 정도이고, 700엔에서 850엔 사이가 가장 보편적입니다.

여행 가서 뭘 먹을지 고민될 때, 가성비 좋은 식사를 하고 싶다면 「日替わりランチ(혹은 定食)」를 주문해 보는 건 어떨까요?

호텔, 예식장 등에서 볼 수 있는 '뷔페'는 일본어로 뷔페(ビュッフェ: 븃훼)라고 하는 경우도 있지만, 일반적으로는 바이킹(バイキング: 바이킹구)이라고 합니다. 1958년에 일본 도쿄 소재의 유명 호텔인 제국호텔(帝国ホテル)에서 스칸디나비아 지방의 전통 식사 방식인 뷔페식을 채택한 레스토랑을 열었는데, 그 레스토랑의 이름이 임페리얼 바이킹 사르(インペリアルバイキングサール)였다고 합니다. 제국호텔에서 '임페리얼'과 스칸디나비아 지방의 상징인 바이킹에서 '바이킹'을 따와 만든 이름인 것이죠. 이후 일본에서 뷔페는 '바이킹'이라는 이미지가 강해지면서 일본어에서 뷔페의 의미로 바이킹(バイキング)을 사용하게 되었습니다.

또한 일본에 가면 식당 메뉴판이나 간판 등에서 「食べ放題(타베호-다이)」라는 표현도 자주 접할 수 있습니다. 이는 한국에서도 많이 보이는 '무한 리필'과 비슷한 표현으로, 샤브샤브 무한 리필(しゃぶしゃぶ食べ放題: 샤부샤부타베호-다이), 불고기 무한 리필(焼肉食べ放題: 야키니쿠타베호-다이), 디저트 무한 리필(スイーツ食べ放題: 스이-츠타베호-다이)과 같이 앞에 음식명을 붙여 사용하는 경우가 많으며, 대부분 시간 제한이 있답니다. 참고로 「飲み放題(노미호-다이)」는 '음료(주로 술) 무한 리필'을 의미합니다.

073.mp3

💬 **주문은 정하셨나요? (= 주문하시겠어요?)**

ご注文は お決まりですか。

고츄-몽와 오키마리데스까?

💬 **메뉴를 정하시면 불러 주세요.**

ご注文が お決まりでしたら お呼びください。

고츄-몽가 오키마리데시따라 오요비구다사이

💬 **이따 주문할게요.**

もう少し あとで お願いします。

모-스꼬시 아토데 오네가이시마스

💬 **여기요, 주문할게요.**

すみません、注文 お願いします。

스미마셍, 츄-몽 오네가이시마스

💬 **오늘의 메뉴는 뭔가요?**

今日の 日替わりメニューは 何ですか。

쿄-노 히가와리메뉴-와 난데스까?

💬 **한국어 메뉴판이 있나요?**

韓国語の メニューは ありますか。

캉코쿠고노 메뉴-와 아리마스까?

🗨 런치 세트 2개 주세요.

ランチセットを ふたつ ください。

란치셋토오 후타쯔 구다사이

🗨 음료는 어떤 걸로 하시겠어요?

飲み物は 何に しますか。

노미모노와 나니니 시마스까?

★실력UP★

お飲み物は 何に
なさいますか。

오노미모노와 나니니
나사이마스까?

🗨 커피와 차, 오렌지주스 중에 하나를 골라 주세요.

コーヒーと お茶と オレンジジュースの 中で
ひとつ 選んで ください。

코-히-또 오챠또 오렌지쥬-스노 나카데
히토쯔 에란데 구다사이

🗨 이 메뉴 중에서 하나를 고르실 수 있습니다.

この メニューの 中で おひとつ お選びいただけます。

고노 메뉴-노 나카데 오히토쯔 오에라비이따다케마스

🗨 [음료는] 따뜻한 것과 찬 것 중에 어떤 것으로 하시겠어요?

ホットと アイスと どちらに しますか。

홋토또 아이스또 도치라니 시마스까?

3 식당에서

151

💬 커피는 따뜻한 걸로 주세요.

コーヒーは ホットで お願いします。

코-히-와 홋토데 오네가이시마스

💬 포장이신가요?

お持ち帰りですか。

오모치카에리데스까?

💬 매장에서 드시고 가시나요?

店内で 召し上がりますか。

텐나이데 메시아가리마스까?

💬 이거 포장되나요?

これ、持ち帰りできますか。

고레, 모치카에리데키마스까?

> **tip**
>
> 「持ち帰り(모치카에리)」 대신 「テイクアウト(테이쿠아우토)」라고 할 수도 있어요.

💬 치즈케이크는 포장해 주세요.

チーズケーキは 持ち帰りで お願いします。

치-즈케-키와 모치카에리데 오네가이시마스

💬 포크는 몇 개 드릴까요?

フォークは いくつ おつけしましょうか。

훠-쿠와 이쿠쯔 오츠케시마쇼-까?

💬 디카페인 커피도 있나요?

ノンカフェイン コーヒーも ありますか。

농카훼인 코-히-모 아리마스까?

💬 아이스카페라테 스몰 사이즈로 하나 주세요.

アイスカフェラテを Sサイズで ひとつ お願いします。

아이스카훼라테오 에스사이즈데 히토쯔 오네가이시마스

💬 사이즈 업 해 주세요.

サイズアップを お願いします。

사이즈압푸오 오네가이시마스

💬 시럽과 커피 크림은 저쪽에 있으니 편하게 이용해 주세요.

シロップと コーヒーミルクは あちらから ご自由に お使いください。

시롭푸또 코-히-미르크와 아치라까라 고지유-니 오츠카이구다사이

어린이 메뉴	기간 한정	주방장 특선 요리
お子様メニュー 오코사마메뉴-	期間限定 키캉겐떼-	おまかせ 오마카세
모닝 세트	일품요리	구이
モーニングセット 모-닝구셋토	一品料理 입삔료-리	焼き物 야키모노
모둠	철판구이	(중국식) 볶음밥
盛り合わせ 모리아와세	鉄板焼き 텝빵야키	チャーハン 챠-항
튀김	볶음	불고기, 구운 고기
天ぷら 템뿌라	炒め 이타메	焼肉 야키니쿠
스키야키, 소고기전골	샤브샤브	소고기덮밥
すきやき 스키야키	しゃぶしゃぶ 샤부샤부	牛丼 규-동
튀김덮밥	돈가스덮밥	유부우동
天丼 텐동	かつ丼 카쯔동	きつねうどん 키쯔네우동

다누키우동(튀김 부스러기 우동)	자루소바, 판메밀	가케소바, 온메밀
たぬきうどん 타누키우동	**ざるそば** 자루소바	**かけそば** 카케소바
피자	감자튀김	샌드위치
ピザ 피자	**フライドポテト** 후라이도포테토	**サンドイッチ** 산도잇치
만두	명란젓	딸기케이크
餃子(ギョーザ) 교-자	**明太子**(めんたいこ) 멘타이코	**いちごケーキ** 이치고케-키
소프트아이스크림	우롱차	녹차
ソフトクリーム 소후토크리-무	**ウーロン茶**(ちゃ) 우-론챠	**緑茶**(りょくちゃ) 료쿠챠
홍차	탄산 음료	사이다
紅茶(こうちゃ) 코-챠	**ソフトドリンク** 소후토도링크	**サイダー** 사이다-
술	레드와인	화이트와인
お酒(さけ)**・アルコール** 오사케/아르코-루	**赤**(あか)**ワイン** 아카와잉	**白**(しろ)**ワイン** 시로와잉

맥주	생맥주	칵테일
ビール 비-루	**生ビール** (なま) 나마비-루	**カクテル** 카쿠테루
하이볼	일본 전통 술, 사케	(간단한) 안주
ハイボール 하이보-루	**日本酒** (に ほんしゅ) 니혼슈	**おつまみ** 오쯔마미
초밥	생선회	장어
寿司 (す し) 스시	**さしみ** 사시미	**うなぎ** 우나기
광어	방어	참치
ひらめ 히라메	**ブリ** 부리	**マグロ** 마구로
참치 뱃살	연어	고등어
大とろ (おお) 오-토로	**サーモン** 사-몽	**さば** 사바
오징어	문어	새우
いか 이카	**たこ** 타코	**えび** 에비

성게	가리비	연어알
ウニ 우니	**ホタテ** 호타테	**イクラ** 이크라
유부초밥	야채	가지
いなり(寿司) 이나리(즈시)	**野菜** 야사이	**なす** 나스
감자	고구마	오이
じゃがいも 쟈가이모	**(さつま)いも** (사쯔마)이모	**きゅうり** 큐-리
닭꼬치	(닭) 목살	(닭) 넓적다리
やきとり 야끼토리	**せせり** 세세리	**もも** 모모
(닭) 껍질	닭 날개	(닭) 완자
(鶏)かわ (토리)카와	**手羽先** 테바사키	**つくね** 쯔쿠네
닭똥집, 모래주머니	간	삼겹살
砂肝 스나기모	**レバー** 레바-	**豚バラ** 부타바라

주문하기 `074.mp3`

주문은 정하셨나요?

ご注文は お決まりですか。

고츄-몽와 오키마리데스까?

추천 메뉴는 뭔가요?

おすすめの メニューは 何ですか。

오스스메노 메뉴-와 난데스까?

오늘의 추천 메뉴는 오므라이스와
돈가스입니다.

今日の おすすめは オムライスと
とんかつです。

쿄-노 오스스메와 오무라이스또 통카츠데스

그럼, 오므라이스 하나랑 돈가스 하나 주세요.

では、オムライス ひとつと とんかつを
ひとつ ください。

데와, 오무라이스 히토쯔또 통카츠오
히토쯔 구다사이

요청하기 (075.mp3)

리필	추가
おかわり	追加
오카와리	쯔이카
화장실	냅킨
トイレ	紙ナプキン
토이레	카미나푸킨
젓가락	찬물
おはし	おひや
오하시	오히야
빨대	
ストロー	
스토로-	

① 라멘에 파를 추가해 주세요.

ラーメンに ねぎを 追加して ください。
라-멘니 네기오 쯔이카시떼 구다사이

햄버거

ハンバーガー
함바-가-

치즈

チーズ
치-즈

코코아

ココア
코코아

휘핑크림

ホイップ
クリーム
호입푸크리-무

② 카레에 당근을 넣지 말아 주세요.

カレーに にんじんを 入れないで ください。
카레-니 닌징오 이레나이데 구다사이

커피

コーヒー
코-히-

시럽

シロップ
시롭푸

소고기덮밥

牛丼
규-동

생강초절임

紅しょうが
베니쇼-가

160

이럴 때, 어떻게 말하나요?

💬 **여기요, 된장국은 리필되나요?**

すみません、みそ汁は おかわりできますか。

스미마셍, 미소시루와 오카와리데키마스까?

💬 **(메뉴판을 짚으며) 이거 하나 더 주세요.**

これを もう ひとつ ください。

고레오 모- 히토쯔 구다사이

💬 **찬물 주세요.**

おひや ください。

오히야 구다사이

> **tip**
>
> 따뜻한 물을 달라고 할 때는 「お湯 ください(오유 구다사이)」라고 말합니다.

💬 **우유는 두유로 바꿔 주세요.**

牛乳は 豆乳に かえて ください。

규-뉴-와 토-뉴-니 카에떼 구다사이

> **tip**
>
> 저지방 우유는 「低脂肪牛乳(테-시보-규-뉴-)」, 무지방 우유는 「無脂肪牛乳(무시보-규-뉴-)」라고 합니다.

💬 **고추냉이는 빼 주세요.**

わさび抜きで お願いします。

와사비누키데 오네가이시마스

> **tip**
>
> 「~抜き(누키)」는 명사 등에 붙어서 '~없이, ~을/를 뺌'의 의미를 나타냅니다. 같은 상황에서 「わさびは 抜いて ください(와사비와 누이떼 구다사이)」라고도 말할 수 있어요.

💬 **커피에 시럽을 추가해 주세요.**

コーヒーに シロップを 追加して ください。

코-히-니 시롭푸오 쯔이카시떼 구다사이

💬 **콜라는 얼음을 빼고, 커피는 시럽을 넣지 말아 주세요.**

コーラは 氷抜きで、コーヒーは シロップを 入れないで ください。

코-라와 코-리누키데, 코-히-와 시롭푸오 이레나이데 구다사이

💬 **휘핑크림을 올려 주세요.**

ホイップクリームを のせて ください。

호입푸크리-무오 노세떼 구다사이

> **tip**
>
> '휘핑크림은 빼 주세요'는 「ホイップクリームは 抜いて ください(호입푸크리-무와 누이떼 구다사이)」라고 말합니다.

💬 젓가락을 하나 더 주세요.

おはしを もう ひとつ ください。

오하시오 모- 히토쯔 구다사이

> **tip**
>
> 앞접시는 「取り皿(토리자라)」, 물수건은 「おしぼり(오시보리)」라고 한답니다.

💬 화장실은 어디에 있나요?

トイレは どこに ありますか。

토이레와 도코니 아리마스까?

3 식당에서

💬 빨대는 어디에 있나요?

ストローは どこに ありますか。

스토로-와 도코니 아리마스까?

> **tip**
>
> 휴지는 「ティッシュ(팃슈)」, 냅킨은 「紙ナプキン(카미나푸킨)」이라고 합니다.

💬 와이파이를 쓸 수 있나요?

ワイファイ つか
Wi-Fiは 使えますか。

와이화이와 츠카에마스까?

> **tip**
>
> 와이파이 비밀번호를 물어볼 때는 「Wi-Fiの パスワードは 何ですか(와이화이노 파스와-도와 난데스까?)」라고 말합니다.

요청하기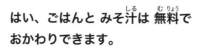

여기요, 된장국은 리필되나요?

すみません、みそ汁は おかわりできますか。
스미마셍, 미소시루와 오카와리데키마스까?

네, 밥과 된장국은 무료로 리필 가능합니다.

はい、ごはんと みそ汁は 無料で おかわりできます。
하이, 고한또 미소시루와 무료-데
오카와리데키마스

그러면 된장국을 더 주세요.

じゃ、みそ汁の おかわり お願いします。
쟈, 미소시루노 오카와리 오네가이시마스

네, 알겠습니다. 잠시만 기다려 주세요.

はい、かしこまりました。
하이, 카시코마리마시타

少々 お待ちください。
쇼-쇼- 오마치구다사이

계산하기 (079.mp3)

일본에서 음식이나 상품 등에 표시된 가격은 소비세가 포함된 가격(内税:우치제-)과 소비세가 별도로 부과되는 가격(外税:소토제-)이 있습니다. 계산할 때 영수증의 합계 금액을 잘 보고 헷갈리지 않도록 주의하세요.

❶	合計 ごうけい	고-케-	합계 금액
❷	内消費税 うちしょう ひ ぜい	우치쇼-히제-	소비세 포함
❸	お預かり あず	오아즈카리	받은 돈
❹	お釣 つり	오쯔리	거스름돈

계산 かいけい お会計 오카이케-	**지불, 결제** し はら 支払い 시하라이
각자, 따로따로 べつべつ 別々で 베쯔베쯔데	**같이** いっしょ 一緒で 잇쑈데
거스름돈 かえ おつり・お返し 오쯔리/오카에시	**영수증** レシート 레시-토
쿠폰 クーポン 쿠-퐁	

① 결제는 따로따로 해 주세요.

お会計は 別々で お願いします。
오카이케-와 베쯔베쯔데 오네가이시마스

같이	이 카드로	이걸로
一緒で	この カードで	これで
잇쑈데	코노 카-도데	코레데

② 카드를 쓸 수 있나요?

カード、使えますか。
카-도, 츠카에마스까?

쿠폰	스이카〈교통 카드〉	포인트
クーポン	スイカ(Suica)	ポイント
쿠-퐁	스이카	포인토

💬 **계산해 주세요.**

お会計、お願いします。
_{かいけい} _{ねが}

오카이케-, 오네가이시마스

💬 **총 2000엔입니다.**

お会計は 2000円でございます。
_{かいけい} _{にせん} _{えん}

오카이케-와 니셍엔데고자이마스

💬 **신용 카드로 (계산) 되나요?**

クレジットカードで できますか。

크레짓토카-도데 데키마스까?

💬 **결제는 같이 하시나요?**

お支払いは ご一緒ですか。
_{し はら} _{いっしょ}

오시하라이와 고잇쑈데스까?

💬 **결제는 따로따로 해 주세요.**

お会計は 別々で お願いします。
_{かいけい} _{べつべつ} _{ねが}

오카이케-와 베쯔베쯔데 오네가이시마스

💬 **영수증 주세요.**

レシートを ください。

레시-토오 구다사이

> **tip**
>
> '영수증'을 의미하는 「レシート(레시-토)」와 비슷한 단어인 「領収証(료-슈-쇼-)」는 흔히
> 알고 있는 가게 영수증에 구입자 이름이 추가된 형태로, 주로 회사에 비용 정산용으로
> 제출하기 위해 발급받는 영수증을 의미합니다.

💬 **카드와 영수증을 드리겠습니다.**

カードの お_{かえ}返しと レシートです。

카-도노 오카에시또 레시-토데스

3 상점에서

💬 **거스름돈 500엔입니다.**

500_{ごひゃくえん}円の お_{かえ}返しです。

고햐쿠엔노 오카에시데스

💬 **잘 먹었습니다.**

ごちそうさまでした。

고치소-사마데시타

💬 **감사합니다. 또 오세요.**

ありがとうございました。 また お_こ越しください。

아리가또-고자이마시타   마타 오코시구다사이

계산하기 083.mp3

계산해 주세요.

お会計、お願いします。
오카이케-, 오네가이시마스

총 2,000엔입니다.

お会計は 2000円でございます。
오카이케-와 니셍엔데고자이마스

네, 여기 있습니다.

はい、どうぞ。
하이, 도-조

2,000엔 받았습니다.

2000円、お預かりいたします。
니셍엥, 오아즈카리이따시마스

170

\ 간단 일본 요리 레시피 /

니쿠쟈가 *고기 감자조림

일본 가정식 가게에서 흔히 먹을 수 있어요.
만들기 쉬워서 한 끼 식사로 최고랍니다 :)

재료 (2인분)

- 돼지고기 200g
- 감자 3개
- 당근 1개
- 양파 1개
- Ⓐ 물 200ml / 설탕 2T
- Ⓑ 간장 / 맛술 / 미림 각각 2T
- 와후다시 ½T (다시마로 대체 OK)

---

①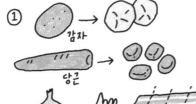

감자 당근

감자랑 당근은 큼직하게 썰고,
감자는 물에 담가둡니다.
양파는 길게, 돼지고기는
먹기 좋게 썰어요.

양파   돼지고기   2T   200ml

②

냄비에 가볍게 기름을 두르고
고기를 볶습니다.

③ 야채를 넣고 볶다가
Ⓐ의 물, 설탕을 넣습니다.

④

Ⓑ의 조미료를 넣고 20-30분간
뚜껑을 살짝 덮고 졸이면..

완성!

감자랑 고기를 가장
맛있게 먹는 방법..

기호에 따라
곤약 면을 추가해도
좋아요~!

PART 4

가게에서

- 물건 찾기/요청하기
- 계산하기
- 교환·환불하기

물건 찾기 / 요청하기　084.mp3

탈의실, 피팅룸 試着室 시챠쿠시쯔	**사이즈** サイズ 사이즈
크다 大きい 오-키이	**작다** 小さい 치이사이
길다 長い 나가이	**짧다** 短い 미지카이
다른 색 ほかの 色 호까노 이로	**품절** 売り切れ 우리키레
어떤 맛 どんな 味 돈나 아지	
세일 セール 세-루	**소비 기한** 賞味期限 쇼-미키겡

174

① 조금 더 싼 건 없나요?

もう少し 安いのは ありませんか。
모-스꼬시 야스이노와 아리마셍까?

큰	작은	긴	짧은
大きい	小さい	長い	短い
오-키이	치이사이	나가이	미지카이

② 다른 색도 있나요?

ほかの 色も ありますか。
호까노 이로모 아리마스까?

맛	사이즈	향, 향기
味	サイズ	香り
아지	사이즈	카오리

③ 이 신발을 신어 봐도 되나요?

この 靴を はいてみても いいですか。

고노 쿠쯔오 하이떼미떼모 이이데스까?

셔츠	**입어**	**선글라스**	**껴, 걸쳐**
シャツ	着て	サングラス	かけて
샤츠	키떼	상그라스	카케떼

모자	**써**	**목걸이**	**해**
ぼうし	かぶって	ネックレス	して
보-시	카붓떼	넥크레스	시떼

이럴 때, 어떻게 말하나요?

💬 **뭐 찾으시는 거 있으신가요?**

何か お探しですか。

나니까 오사가시데스까?

💬 **좀 보고 있는 거예요.**

ちょっと 見て いる だけです。

촛또 미떼 이루 다케데스

💬 **이것을 보여 주세요.**

これを 見せて ください。

고레오 미세떼 구다사이

💬 **이것을 입어 봐도 되나요?**

これを 着てみても いいですか。

고레오 키떼미떼모 이이데스까?

💬 **네, 입어 보세요. 탈의실은 이쪽입니다.**

はい、どうぞ。試着室は こちらです。

하이, 도-조　　　　시챠쿠시쯔와 고치라데스

💬 **사이즈는 어떠세요?**

サイズは いかがですか。

사이즈와 이카가데스까?

💬 조금 크네요.

ちょっと 大<ruby>き<rt>おお</rt></ruby>いです。

촛또 오-키이데스

tip

사이즈가 좀 작을 때는 「ちょっと 小さいです(촛또 치이사이데스)」, 몸에 딱 맞을 때는 「ぴったりです(삣따리데스)」라고 말합니다.

💬 조금 더 큰 사이즈는 없나요?

もう<ruby>少<rt>すこ</rt></ruby>し 大<ruby>き<rt>おお</rt></ruby>い サイズは ありませんか。

모-스꼬시 오-키이 사이즈와 아리마셍까?

💬 이 셔츠, M사이즈 있나요?

この シャツの M<ruby>サイズ<rt>エム</rt></ruby>、ありますか。

고노 샤츠노 에무사이즈, 아리마스까?

💬 다른 색도 있나요?

ほかの <ruby>色<rt>いろ</rt></ruby>も ありますか。

호까노 이로모 아리마스까?

💬 이걸로 할게요.

これに します。

고레니 시마스

tip

같은 상황에서 '이거 주세요'라고 할 때는 「これを ください(고레오 구다사이)」라고 말합니다.

💬 죄송합니다. 지금 품절입니다.

申し訳ございません。ただいま、売り切れです。

모-시와케고자이마셍　　　타다이마, 우리키레데스

💬 그 상품은 팔고 있지 않습니다.

その 商品は 取り扱って おりません。

소노 쇼-힝와 토리아츠캇떼 오리마셍

💬 가격을 깎아 주실 수 있나요?

値引きして もらえますか。

네비키시떼 모라에마스까?

💬 세일은 언제부터 하나요?

バーゲンセールは いつからですか。

바-겐세-루와 이쯔까라데스까?

💬 지금 세일 중이에요.

ただいま、バーゲンセール中です。

타다이마, 바-겐세-루츄-데스

💬 이쪽은 세일 상품이에요.

こちらは セール品です。

고치라와 세-루힌데스

소비 기한은 얼마나 되나요?

賞味期限は どれくらいですか。

쇼-미키겡와 도레쿠라이데스까?

이 과자는 무슨 맛이에요?

この お菓子は どんな 味ですか。

고노 오까시와 돈나 아지데스까?

이건 실온 보관하나요?

これは 常温保存ですか。

고레와 죠-옹호존데스까?

> **tip**
>
> 냉장 보관은 「冷蔵保存(레-조-호종)」, 냉동 보관은 「冷凍保存(레-토-호종)」이라고 합니다.

컵라면은 어디에 있나요?

カップラーメンは どこに ありますか。

캅푸라-멩와 도코니 아리마스까?

> **tip**
>
> 편의점에서 살 수 있는 다른 음식은 일본어로 뭐라고 할까요? 푸딩은 「プリン(푸링)」, 메론빵은 「メロンパン(메롬팡)」, 캔커피는 「缶コーヒー(캉코-히-)」, 주먹밥은 「おにぎり(오니기리)」라고 합니다.

추천 도시락은 뭔가요?

おすすめの お弁当は 何ですか。

오스스메노 오벤또-와 난데스까?

과자	과일	사과
お菓子 _{か し} 오까시	**果物** _{くだもの} 쿠다모노	**りんご** 링고
딸기	복숭아	귤
いちご 이치고	**もも** 모모	**みかん** 미캉
반팔	긴팔	스웨터
半袖 _{はんそで} 한소데	**長袖** _{ながそで} 나가소데	**セーター** 세-타-
재킷	코트	셔츠
ジャケット 쟈켓토	**コート** 코-토	**シャツ** 샤츠
팬츠, 바지	스커트, 치마	후드 티셔츠, 집업
パンツ 판츠	**スカート** 스카-토	**パーカー** 파-카-
양말	장갑	벨트
靴下 _{くつした} 쿠쯔시타	**手袋** _{て ぶくろ} 테부쿠로	**ベルト** 베루토

스카프	머플러, 목도리	안경
スカーフ 스카-후	**マフラー** 마후라-	**眼鏡** 메가네
손목 시계	신발, 구두	(런닝화 등의) 운동화
腕時計 우데도케-	**靴** 쿠쯔	**運動靴** 운도-구쯔
스니커, 운동화	하이힐	샌들, 슬리퍼
スニーカー 스니-카-	**ハイヒール** 하이히-루	**サンダル** 산다루
부츠	액세서리, 장신구	목걸이
ブーツ 부-츠	**アクセサリー** 아쿠세사리-	**ネックレス** 넥크레스
귀걸이	반지	가방
イヤリング 이야링구	**指輪** 유비와	**バッグ** 박구
백팩, 배낭	손수건	노트, 공책
リュック 륙크	**ハンカチ** 항카치	**ノート** 노-토

머그컵	볼펜	파우치
マグカップ	**ボールペン**	**ポーチ**
마구캅푸	보-루펭	포-치
빨간색	주황, 오렌지색	노란색
赤 (あか)	**オレンジ色** (いろ)	**黄色** (き いろ)
아카	오렌지이로	키이로
녹색	파란색	보라색
緑 (みどり)	**青** (あお)	**紫** (むらさき)
미도리	아오	무라사키
갈색	분홍색	베이지색
茶色 (ちゃいろ)	**ピンク**	**ベージュ**
챠이로	핑크	베-쥬
검은색	회색	흰색
黒 (くろ)	**グレー**	**白** (しろ)
쿠로	그레-	시로
화장품	향수	선크림, 자외선 차단제
化粧品 (け しょうひん)	**香水** (こうすい)	**日焼け止め** (ひ や け ど め)
케쇼-힝	코-스이	히야케도메

립밤	핸드크림	화장수, 스킨, 토너
リップバーム 립푸바-무	ハンドクリーム 한도크리-무	け しょうすい 化粧水 케쇼-스이
로션, 에멀젼	에센스, 세럼	건성 피부
にゅうえき 乳液 뉴-에키	び ようえき 美容液 비요-에키	かんそうはだ 乾燥肌 칸소-하다
지성 피부	복합성 피부	민감성 피부
し せいはだ 脂性肌 시세-하다	こんごうはだ 混合肌 콩고-하다	びんかんはだ 敏感肌 빙캉하다

물건 찾기/요청하기 087.mp3

어서 오세요. 뭐 찾으시는 거 있으신가요?

いらっしゃいませ。
이랏샤이마세

何^{なに}か お探^{さが}しですか。
나니까 오사가시데스까?

네, 운동화를 찾고 있는데, 어디에 있나요?

はい、スニーカーを 探^{さが}して いますが、
どこに ありますか。
하이, 스니-카-오 사가시떼 이마스가,
도코니 아리마스까?

운동화라면 저쪽에 있습니다.
안내해 드리겠습니다.

スニーカーなら あちらに ございます。
스니-카-나라 아치라니 고자이마스

場所^{ば しょ}を ご案内^{あんない}します。
바쇼오 고안나이시마스

알고 있나요?

계산하기 ① 088.mp3

❶	レジ	레지	계산대
❷	レジ袋	레지부쿠로	비닐봉지
❸	レジ休止中	레지큐-시츄-	계산대 휴식중

> **tip**
>
> 일본에서도 물건을 계산한 후 봉투는 유료로 구입해야 합니다. 비닐봉지가 아닌 종이 봉투를 구입하고 싶을 때는 「紙袋(카미부쿠로)」를 활용해 「紙袋で お願いします(카미부쿠로데 오네가이시마스)」라고 말합니다.

계산하기 ② (089.mp3)

셀프 계산대(セルフレジ: 세루후레지)에서는 고객이 직접 구입할 물건을 스캔하고 계산합니다. 계산대에서 손님이 기다리는 시간을 줄이기 위해 세미 셀프 계산대도 도입되고 있는데, 이는 점원이 상품을 스캔하면, 고객이 셀프 계산대에서 결제를 하는 시스템이라고 합니다.

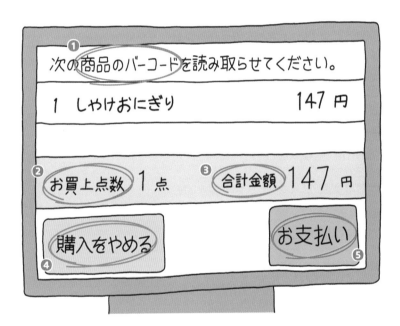

❶	商品の バーコード	쇼-힌노 바-코-도	상품 바코드
❷	お買上点数	오카이아게텐스-	구입한 물건의 수
❸	合計金額	고-케-킹가쿠	합계 금액
❹	購入を やめる	코-뉴-오 야메루	결제를 중단하다
❺	お支払い	오시하라이	지불, 결제

tip

셀프 계산대에서는 어떤 표현들이 나올까요? 이용 순서에 따라 알아봅시다.

상품의 바코드를 찍어 주세요.

商品の バーコードを 読み取らせて ください。

쇼-힌노 바-코-도오 요미토라세떼 구다사이

모든 상품의 등록이 끝났다면, 결제 버튼을 눌러 주세요.

全ての 商品登録が 終わりましたら、お支払いボタンを タッチして ください。

스베떼노 쇼-힌토-로쿠가 오와리마시따라, 오시하라이보탕오 탓치시떼 구다사이

결제 방법을 선택해 주세요.

お支払い方法を 選択して ください。

오시하라이호-호-오 센타쿠시떼 구다사이

교통 전자 화폐, (스이카, 파스모 등의) 교통 카드

交通系電子マネー

코-쯔-케-덴시마네-

상품 목록으로 돌아가기

商品一覧に 戻る

쇼-힝이치란니 모도루

신용 카드를 넣어 주세요.

クレジットカードを 読み取らせて ください。

크레짓토카-도오 요미토라세떼 구다사이

이 단어를 따라오세요

면세 めんぜい 免税 멘제-	**택스프리, 면세** タックスフリー 탁크스후리-
일시불 〈카드 결제〉 いっかつばら 一括払い 익까쯔바라이	**할부 〈카드 결제〉** ぶんかつばら 分割払い 붕까쯔바라이
소비세 포함 ぜい こ 税込み 제-코미	**선물** プレゼント 프레젠토
소비세 별도 ぜい ぬ 税抜き 제-누키	
영수증 レシート 레시-토	**할인 쿠폰** わりびき 割引クーポン 와리비키쿠-퐁

tip

일본어로 '선물'에는 「プレゼント(프레젠토)」 외에 「ギフト(기후토)」라는 표현도 있는데, 이는 격식 갖춘 상황에서 결혼·출산 축하 등의 의미로 건네는 선물을 의미합니다.

4 가게에서

189

091.mp3

① 이거, 면세 가능한가요?

これ、免税できますか。

코레, 멘제-데키마스까?

교환	반품	선물 포장
こうかん **交換**	へんぴん **返品**	**ギフト ラッピング**
코-캉	헴삥	기후토 랍핑구

② 택스프리는 어디서 할 수 있나요?

タックスフリーは どこで できますか。

탁크스후리-와 도코데 데키마스까?

계산	여기	피팅, 입어 봄	어디
かいけい **お会計**	**ここ**	し ちゃく **試着**	**どこ**
오카이케-	고코	시챠쿠	도코

190

이럴 때, 어떻게 말하나요?

💬 **다음 손님, 이쪽으로 오세요.**

次に お待ちの お客様、こちらへ どうぞ。

츠기니 오마치노 오캬쿠사마, 고치라에 도-조

💬 **결제는 어떻게 하시겠어요?**

お支払いは どう しますか。

오시하라이와 도- 시마스까?

💬 **결제 횟수는 어떻게 하시겠어요?** [=몇 개월 할부로 하시겠어요?]

お支払いの 回数は いかがなさいますか。

오시하라이노 카이스-와 이카가나사이마스까?

> **tip**
>
> 한국에서는 신용 카드로 할부 결제를 할 때 '몇 개월'로 나눠 낸다고 표현하는데, 일본에서는 '몇 회'에 걸쳐 나눠 낸다고 표현합니다. 일시불은 「一括払い(익까쯔바라이)」, 할부는 「分割払い(붕까쯔바라이)」라고 한답니다.

💬 **이거, 면세 되나요?**

これ、免税できますか。

고레, 멘제-데키마스까?

💬 **택스프리는 어디서 할 수 있나요?**

タックスフリーは どこで できますか。

탁크스후리-와 도코데 데키마스까?

 4 가게에서

💬 이거, 소비세 포함인가요?

これ、税込みですか。

고레, 제-코미데스까?

💬 아니요, 소비세가 포함되지 않은 가격입니다.

いいえ、税抜きの 値段です。

이-에, 제-누키노 네단데스

💬 죄송하지만, 카드 결제는 불가능합니다.

すみませんが、カードでの お支払いは お受けして おりません。

스미마셍가, 카-도데노 오시하라이와 오우케시떼 오리마셍

💬 포인트 카드 있으세요?

ポイントカードは お持ちですか。

포인토카-도와 오모치데스까?

💬 이 쿠폰은 사용할 수 있나요?

この クーポンは 使えますか。

고노 쿠-퐁와 츠카에마스까?

💬 선물용인가요, 아니면 고객님이 직접 사용하시는 건가요?

プレゼントですか、それとも ご自宅用ですか。

프레젠토데스까, 소레또모 고지타쿠요-데스까?

💬 **선물용으로 포장해 줄 수 있나요?**

プレゼント用に 包んで もらえますか。

프레젠토요-니 츠쯘데 모라에마스까?

> **tip**
>
> 여러 개의 선물을 사서 따로 포장해 달라고 요청할 때는「これを 別々に 包んで も
> らえますか(고레오 베쯔베쯔니 츠쯘데 모라에마스까?)」라고 말합니다.

💬 **봉투는 어떻게 하시겠어요?**

袋は どう なさいますか。

후쿠로와 도- 나사이마스까?

💬 **봉투에 (물건을) 따로따로 담아 드릴까요?**

袋は お分けしますか。

후쿠로와 오와케시마스까?

> **tip**
>
> 구매한 모든 물건을 같이 담아도 괜찮을 때는「一緒で 大丈夫です(잇쇼데 다이죠-부데
> 스)」라고 말합니다.

💬 **영수증 필요하세요?**

レシートは ご利用ですか。

레시-토와 고리요-데스까?

> **tip**
>
> 영수증이 필요할 때는「はい、お願いします(하이, 오네가이시마스)」, '괜찮습니다, 필요
> 없습니다'라고 할 때는「結構です(켁꼬-데스)」혹은「大丈夫です(다이죠-부데스)」라고
> 말합니다.

💬 도시락을 데워 드릴까요?

お弁当、あたためますか。

오벤또-, 아타타메마스까?

> **tip**
> 한국 편의점에서는 손님이 스스로 점포 내의 전자렌지를 이용해서 구매한 음식을 데 워야 하지만, 일본은 계산대 안쪽에 전자렌지가 있어 점원이 데우는 경우도 있습니다.

💬 도시락을 데워 주세요.

お弁当を あたためて ください。

오벤또-오 아타타메떼 구다사이

💬 스푼은 필요하신가요?

スプーンは お使いになりますか。

스푸-웅와 오츠카이니나리마스까?

> **tip**
> 포크는 「フォーク(후오-쿠)」, 젓가락은 「おはし(오하시)」라고 한답니다.

💬 네, 스푼을 2개 주세요.

はい、スプーンを ふたつ ください。

하이, 스푸-웅오 후타쯔 구다사이

💬 빨대도 같이 넣어 드릴까요?

ストローも おつけしますか。

스토로-모 오츠케시마스까?

💬 (술, 담배를 구입할 때) 연령 확인을 위해 화면을 터치해 주세요.

年齢確認のため、画面の タッチ お願いします。

넨레-카쿠닌노타메, 가멘노 탓치 오네가이시마스

> **tip**
>
> 일본 편의점에서 술이나 담배를 구입할 때는 손님에게 계산대 화면에 뜨는 연령 확인
> 창의 버튼을 누르게 함으로써 미성년자가 아님을 본인이 직접 확인하도록 안내합니다.

💬 이거, 나중에 교환이나 반품 가능한가요?

これ、あとで 交換や 返品できますか。

고레, 아토데 코-캉야 헴삔데키마스까?

💬 일주일 이내에 영수증과 함께 가져오시면 교환 가능합니다.

一週間以内に レシートと お持ちいただければ 交換できます。

잇쓔-캉이나이니 레시-토또 오모치이따다케레바 코-칸데키마스

💬 개봉한 상품은 교환이나 반품이 안 됩니다.

開封済みの 商品は 交換や 返品が できません。

카이후-즈미노 쇼-힝와 코-캉야 헴삥가 데키마셍

> **tip**
>
> 물건의 상태에 대해 일본어로 어떻게 말할까요? 미개봉 상태의 상품은 「未開封の 商
> 品(미카이후-노 쇼-힝)」, 사용하지 않은 상품은 「未使用の 商品(미시요-노 쇼-힝)」, 불량
> 품은 「不良品(후료-힝)」이라고 한답니다.

💬 불량인 경우에만 반품 가능합니다.

不良の 場合のみ 返品できます。

후료-노 바아이노미 헴삔데키마스

계산하기 093.mp3

계산해 주세요.

お会計、お願いします。
오카이케-, 오네가이시마스

티셔츠 2장이네요. 3,300엔입니다.

T シャツが 2枚ですね。
티-샤츠가 니마이데스네

3300円でございます。
산젠삼뱌쿠엔데고자이마스

스이카(교통 카드)를 사용할 수 있나요?

スイカ(Suica)、使えますか。
스이카, 츠카에마스까?

네, 사용하실 수 있습니다.

はい、ご利用いただけます。
하이, 고리요-이따다케마스

교환·환불하기 (094.mp3)

교환 こうかん 交換 코-캉	**반품** へんぴん 返品 헴삥
환불 へんきん 返金 헹낑	**문제** もんだい 問題 몬다이
흠집 きず 키즈	**더러움, 얼룩** よご 汚れ 요고레
불량 ふ りょう 不良 후료-	
다른 ほかの 호까노	**디자인** デザイン 데자잉

4 가게에서

197

① 반품하고 싶은데요….

へんぴん
返品したいんですが…。

헴삔시타인데스가

교환	환불	계산
こうかん **交換**	へんきん **返金**	かいけい **お会計**
코-캉	헹낑	오카이케-

② 상품에 문제가 있어요.

しょうひん　　もんだい
商品に 問題が あります。

쇼-힌니 몬다이가 아리마스

흠	더러움, 얼룩	문제, 오류, 고장
きず	よご **汚れ**	ふ ぐ あい **不具合**
키즈	요고레	후구아이

③ 다른 색으로 바꿔 주세요.

ほかの 色に かえて ください。
いろ

호까노 이로니 카에떼 구다사이

사이즈

サイズ

사이즈

상품

商品
しょうひん

쇼-힝

디자인

デザイン

데자잉

이럴 때, 어떻게 말하나요?

096.mp3

💬 **반품하고 싶은데요….**

返品<small>へんぴん</small>したいんですが…。

헴삔시타인데스가

💬 **환불 가능한가요?**

返金<small>へんきん</small>できますか。

헹낀데키마스까?

💬 **이걸 다른 색으로 바꿔 주세요.**

これを ほかの 色<small>いろ</small>に かえて ください。

고레오 호까노 이로니 카에떼 구다사이

💬 **다른 매장에서 샀는데, 여기서 교환 가능한가요?**

ほかの 支店<small>してん</small>で 買<small>か</small>ったんですが、ここで 交換<small>こうかん</small>できますか。

호까노 시뗀데 캇딴데스가, 고코데 코-칸데키마스까?

💬 **왜 그러시나요?**

どうか なさいましたか。

도-까 나사이마시타까?

200

💬 제품에 뭔가 문제가 있나요?

製品に 何か 問題が ありましたか。

세-힌니 나니까 몬다이가 아리마시타까?

💬 상품에 흠이 있어요.

商品に きずが あります。

쇼-힌니 키즈가 아리마스

💬 불량품이에요.

不良品です。

후료-힌데스

💬 사이즈가 커요.

サイズが 大きいです。

사이즈가 오-키이데스

💬 여기, 새 영수증을 드리겠습니다.

こちら、新しい レシートでございます。

고치라, 아타라시이 레시-토데고자이마스

환불하기

저기요, 어제 이걸 샀는데, 환불이 되나요?

すみません、昨日 これを 買ったんですが、
返金できますか。

스미마셍, 키노- 고레오 캇딴데스가,
헹낀데키마스까?

영수증은 가지고 계신가요?

レシートは お持ちですか。

레시-토와 오모치데스까?

여기, 영수증과 결제한 카드예요.

これ、レシートと お支払いの ときの
カードです。

고레, 레시-토또 오시하라이노 토키노 카-도데스

네, 잠시만 기다려 주세요.

はい、少々 お待ちくださいませ。

하이, 쇼-쇼- 오마치구다사이마세

202

먹거리 기념품

여행의 묘미중 하나는 기념품을 고르는 시간이 아닐까 합니다.
저는 그중에서도 먹거리에 관련 된걸 구경하고 맛보는걸
가장 좋아하는데요, 어떤 것들이 있는지 간단히 살펴볼까요?

〈 일본의 대형 쇼핑몰 〉

PARCO (파르코)	大丸 (다이마루)
oioi (마루이)	東急 (도큐)
Lumine (루미네)	阪急 (한큐)
	등등..

> 여행 중에 이런 쇼핑몰이
> 보인다면 푸드코트에
> 들어가서 구경 하는 걸
> 슬쩍 추천해 봅니다 ♬

> 제가 직접 먹고 나서 기억에
> 남은 먹거리 기념품은요,

> 맛있는 게 너무 많아서
> 고르기 힘들었어요 ♡

후쿠오카	히토츠 쿠리 다이후쿠

지금까지 먹은
찹쌀떡 중
제일
정성스러운
맛이 났어요.

밤 한 알이 통째로
들어있어요.

규슈산 떡

홋카이도산
수제
팥소

| 홋카이도 | 아르세이
버터샌드 |
|---|---|

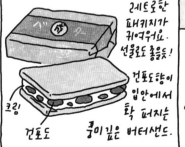

크림

건포도

레트로한
패키지가
귀여워요.
선물로도 좋을듯!

건포도향이
입안에서
확 퍼지는
풍미깊은 버터샌드.

오키나와	유키시오 친스코

구름에 맛이 있다면
이런 맛일까?
싶었습니다.
담백하고
달콤해서
자꾸 생각
나는 맛이랍니다 :)

미야코지마의
소금과
전통과자
친스코가 만난
오키나와의
과자.

PART

5

관광지에서

- 길 찾기
- 입장권 구매하기
- 기념사진 찍기

길 찾기 ① `098.mp3`

지도를 보며 오사카의 난바역(なんば駅)에서 도톤보리(道頓堀)의 글리코상(グリ
コサイン)까지 걸어서 가 볼까요?

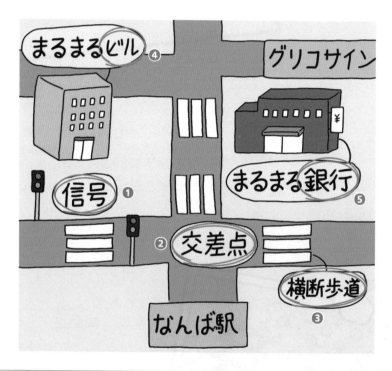

❶	<ruby>信号<rt>しんごう</rt></ruby>	싱고-	신호, 신호등
❷	<ruby>交差点<rt>こうさてん</rt></ruby>	코-사뗑	사거리, 교차로
❸	<ruby>横断歩道<rt>おうだんほどう</rt></ruby>	오-당호도-	횡단보도
❹	ビル	비루	빌딩, 건물
❺	<ruby>銀行<rt>ぎんこう</rt></ruby>	깅코-	은행

도톤보리(道頓堀)의 글리코상(グリコサイン)까지 어떻게 가면 좋을까요? 잘 듣고 지도를 보며 따라가 봅시다.

① 저 앞의 신호등까지 이대로 쭉 가세요.

あそこの 信号まで このまま まっすぐ 行って ください。

아소코노 싱고-마데 고노마마 맛쓰구 잇떼 구다사이

② 이 앞의 사거리에서 횡단보도를 건너세요.

この 前の 交差点で 横断歩道を 渡って ください。

고노 마에노 코-사뗀데 오-당호도-오 와탓떼 구다사이

③ 마루마루 빌딩까지 쭉 직진하세요.

まるまるビルまで まっすぐ 行って ください。

마루마루비루마데 맛쓰구 잇떼 구다사이

④ 마루이 은행에서 왼쪽으로 꺾어서 쭉 가면 왼쪽에 보입니다.

まるい銀行で 左に 曲がって まっすぐ 行くと、
左側に 見えます。

마루이깅코-데 히다리니 마갓떼 맛쓰구 이쿠또,
히다리가와니 미에마스

5 관광지에서

tip

글리코상(グリコサイン)은 원래 일본 식품 회사의 마스코트이지만, 옥외 광고가 오사카 도톤보리에 설치된 이후 오사카를 대표하는 상징물이 되었습니다. 도톤보리는 물론 오사카 전체에서 가장 유명한 포토 스폿인 글리코상을 밝히기 위해 무려 약 14만 개의 LED를 사용한다고 하는데, 이 전광판은 자정(당분간 오후 9시)까지만 불을 밝힙니다.

길 찾기 ② 099.mp3

길을 잃었을 때는 근처 파출소에 가서 길을 물어볼 수 있습니다. 파출소 건물에 쓰여 있는 「交番(코-방)」 혹은 'KOBAN'을 보고 찾아가 봅시다.

❶	けいさつしょ 警察署	케-사쯔쇼	경찰서
❷	こうばん 交番	코-방	파출소

이 단어를 따라오세요

오른쪽 右 ^{みぎ} 미기	**왼쪽** 左 ^{ひだり} 히다리
앞 前 ^{まえ} 마에	**뒤** 後ろ ^{うし} 우시로
옆 そば・よこ・となり 소바/요코/토나리	**길** 道 ^{みち} 미치
쭉, 곧장 まっすぐ 맛쓰구	
동(쪽) 東 ^{ひがし} 히가시	**서(쪽)** 西 ^{にし} 니시
남(쪽) 南 ^{みなみ} 미나미	**북(쪽)** 北 ^{きた} 키타

5 관광지에서

209

어디 どこ 도코	**지도** 地図 치즈
관광 안내소 観光案内所 캉코-안나이죠	**미술관** 美術館 비쥬쯔캉
박물관 博物館 하쿠부쯔캉	**신사** 神社 진쟈
유원지, 놀이공원 遊園地 유-엔치	
전망대 展望台 템보-다이	**공원** 公園 코-엥
온천 温泉 온셍	**기념품** お土産 오미야게

이 패턴을 따라오세요

① 다자이후텐만구에는 어떻게 가면 되나요?

だざいふてんまんぐう
太宰府天満宮には どうやって 行けば いいですか。
다자이후템망구-니와 도-얏떼 이케바 이이데스까?

미술관	**박물관**	**전망대**
びじゅつかん	はくぶつかん	てんぼうだい
美術館	博物館	展望台
비쥬쯔캉	하쿠부쯔캉	템보-다이

② 나라공원까지 **버스로** 갈 수 있나요?

な ら こうえん
奈良公園まで バスで 行けますか。
나라코-엠마데 바스데 이케마스까?

온천	**전철로**	**글리코상**	**걸어서**
おんせん	でんしゃ		ある
温泉	電車で	グリコサイン	歩いて
온셍	덴샤데	구리코사잉	아루이떼

③ 근처에 관광 안내소가 있나요?

近くに 観光案内所は ありますか。

ちか かんこうあんないじょ

치카쿠니 캉코-안나이죠와 아리마스카?

기념품 가게

お土産売り場
みやげ う ば

오미야게우리바

백화점

デパート

데파-토

편의점

コンビニ

콤비니

이럴 때, 어떻게 말하나요?

💬 **도쿄 스카이트리는 여기에서 가까운가요?**

東京スカイツリーは ここから 近いですか。

토-쿄-스카이츠리-와 고코까라 치카이데스까?

> **tip**
>
> '여기에서 먼가요?'라고 물어볼 때는 '멀다'를 나타내는 「遠い(토-이)」를 활용해 「ここ から 遠いですか(고코까라 토-이데스까?)」라고 말합니다.

💬 **오호리공원은 어떻게 가면 되나요?**

大濠公園には どうやって 行けば いいですか。

오-호리코-엔니와 도-얏떼 이케바 이이데스까?

💬 **오사카성까지 걸어서 갈 수 있나요?**

大阪城まで 歩いて 行けますか。

오-사카죠-마데 아루이떼 이케마스까?

💬 **전철로 얼마나 걸리나요?**

電車で どれくらいですか。

덴샤데 도레쿠라이데스까?

💬 **근처에 편의점이 있나요?**

近くに コンビニは ありますか。

치카쿠니 콤비니와 아리마스까?

💬 관광 안내소는 어디인가요?

観光案内所は どこですか。

캉코-안나이죠와 도코데스까?

💬 건너편 파출소를 오른쪽으로 도세요.

向こうの 交番を 右に 曲がって ください。

무코-노 코-방오 미기니 마갓떼 구다사이

💬 저 육교 옆에 있어요.

あそこの 歩道橋の そばに あります。

아소코노 호도-쿄-노 소바니 아리마스

> **tip**
>
> '옆'을 뜻하는 「そば(소바)」는 방향이나 거리와 상관없이 가까이에 있는 것을 말하고, 「よこ(요코)」는 거리 관계없이 같은 수평선상에 놓여 있는 것을 의미합니다. 또한, 「となり(토나리)」는 같은 종류의 것이 나열되어 있는 중에 가장 가까운 것을 의미하며, '이웃, 이웃집'이라는 뜻도 가지고 있답니다.

💬 여기에서 택시를 타고 가는 편이 좋아요.

ここから タクシーで 行った ほうが いいです。

고코까라 타쿠시-데 잇따 호-가 이이데스

💬 죄송해요, 여기 사는 사람이 아니어서 잘 모르겠어요.

すみません、ここの 者では ないので よく 分かりません。

스미마셍, 고코노 모노데와 나이노데 요꾸 와카리마셍

💬 어디 찾고 계세요?

どこか お探しですか。
さが

도코까 오사가시데스까?

💬 뭐 도와드릴까요?

何か お手伝いしましょうか。
なに て つだ

나니까 오테츠다이시마쇼-까?

💬 길 안내를 도와드릴까요?

道案内を 手伝いましょうか。
みちあんない て つだ

미치안나이오 테츠다이마쇼-까?

💬 여기서 가장 가까운 역은 어디인가요?

ここから 一番 近い 駅は どこですか。
いちばん ちか えき

고코까라 이치방 치카이 에키와 도코데스까?

💬 혼마치역까지 가는 길을 가르쳐 주세요.

本町駅までの 道を 教えて ください。
ほんまちえき みち おし

홈마치에키마데노 미치오 오시에떼 구다사이

> **tip**
>
> '길'을 뜻하는 「道(미치)」 대신 '가는 방법'을 뜻하는 「行き方(이키카타)」를 넣어 말할
> 수도 있어요.

💬 ○○호텔을 찾고 있는데요….

○○ホテルを 探して いるのですが…。

○○호테루오 사가시떼 이루노데스가

💬 (지도를 가리키며) 이 길이 맞나요?

この 道で 合ってますか。

고노 미치데 앗떼마스까?

💬 이 방향이 맞나요?

この 方向で 合ってますか。

고노 호-코-데 앗떼마스까?

💬 이 지도에서 저는 지금 어디에 있나요?

この 地図で 私は 今、どこに いるんですか。

고노 치즈데 와따시와 이마, 도코니 이룬데스까?

💬 (지도를 보여 주며) 여기는 어디예요?

ここは どこですか。

고코와 도코데스까?

세계에서 가장 높은 전파탑 '도쿄 스카이트리'

'도쿄 스카이트리(東京スカイツリー)'는 일본 도쿄도 스미다구에 세워진 높이 634m 의 디지털 방송을 송신하는 전파탑으로, 2011년 11월 17일에 '세계에서 가장 높은 타워'로 기네스월드레코드사로부터 인정받았다고 합니다.

외관의 디자인 콘셉트는 '시공을 초월한 도시 경관의 창조'로, '도쿄 스카이트리 화이트'라는 고유색을 사용하였습니다. 밤에는 '이키(粹)', '미야비(雅)', '노보리 (幟)' 조명을 바꿔가며 점등하는데, '이키(粹)'는 스미다강을 표현한 파란색, '미야 비(雅)'는 철골 구조를 옷에 비유한 청보라색, '노보리(幟)'는 하늘로 오르는 깃발을 표현한 귤색 조명이라고 합니다.

관광객들의 발걸음이 끊이지 않는 관광지로써 도쿄타워에 이어 새로운 도쿄의 상 징이 된 도쿄 스카이트리는 지상 350m에 전망 데크, 450m에 전망 회랑이 위치하 고 있으며, 두 곳 모두 360도 파노라마 뷰를 감상할 수 있답니다.

일본의 3대 온천

일본 하면 빼놓을 수 없는 것 중 하나가 바로 온천이지요. 일본 전국 각지의 수 많은 온천 중 '일본의 3대 온천'으로 꼽히는 온천은 군마현(群馬県)의 구사쓰 온천(草津温泉), 기후현(岐阜県)의 게로 온천(下呂温泉), 효고현(兵庫県)의 아리마 온천(有馬温泉)입니다.

구사쓰 온천의 이름에 대한 여러 설 중 하나는 옛날에 지독한 유황 냄새가 나는 온천을 두고 일본어로 '지독한 냄새가 나는 물'이라는 뜻으로「くさうず(쿠사우즈)」라고 불렀는데, 그 말에서 이름이 유래되었다는 이야기입니다. 이곳은 활화산인 구사쓰시라네산 중턱에 있어 다른 온천과는 비교도 안 될 정도의 뜨거운 온천수가 특징입니다.

게로 온천은 기후현과 나가노현의 경계에 위치해 있으며, 수질이 뛰어나 예로부터 건강에 좋은 온천수로 유명했다고 합니다.

마지막으로 아리마 온천은 시라하마 온천(白浜温泉)과 도고 온천(道後温泉)과 더불어 일본에서 가장 오래된 3대 온천으로 꼽습니다. 오사카를 비롯한 간사이 지방의 도시와의 접근성이 좋아 관광객들이 많이 찾는 온천이라고 합니다.

길 물어보기 [103.mp3]

저기요, 좀 여쭤보고 싶은데요.

すみません、ちょっと お聞きしたいんですが。
스미마셍, 촛또 오키키시타인데스가

네, 무슨 일이세요?

はい、何でしょうか。
하이, 난데쇼-까?

(지도를 가리키며) 이 미술관에 가고 싶은데,
어떻게 가나요?

この 美術館に 行きたいんですが、
どうやって 行きますか。
고노 비쥬쯔칸니 이키타인데스가,
도-얏떼 이키마스까?

도쿄도미술관이네요.
거기라면 곧장 가서 왼쪽이에요.

東京都美術館ですね。
토-쿄-토비쥬쯔칸데스네

そこなら まっすぐ 行って 左です。
소코나라 맛쓰구 잇떼 히다리데스

길을 잃었을 때 〔104.mp3〕

저기요, 제가 길을 잃었는데,
여기서 가장 가까운 역은 어디인가요?

すみません、道<ruby>みち</ruby>に 迷<ruby>まよ</ruby>って しまいましたが、
ここから 一番<ruby>いちばん</ruby> 近<ruby>ちか</ruby>い 駅<ruby>えき</ruby>は どこですか。

스미마셍, 미치니 마욧떼 시마이마시타가,
고코까라 이치방 치카이 에키와 도코데스까?

저기 두 번째 신호등을 오른쪽으로 도세요.

あそこの ふたつ目<ruby>め</ruby>の 信号<ruby>しんごう</ruby>を 右<ruby>みぎ</ruby>に
曲<ruby>ま</ruby>がって ください。

아소코노 후타쯔메노 싱고-오 미기니
마갓떼 구다사이

감사합니다. 큰 도움이 되었습니다.

ありがとうございます。
아리가또-고자이마스

とても 助<ruby>たす</ruby>かりました。
토떼모 타스카리마시타

혹시 괜찮으시면 데려다 드릴게요.

もし よかったら お連<ruby>つ</ruby>れしますよ。
모시 요캇따라 오쯔레시마스요

입장권 구매하기 105.mp3

❶	入場券売り場 にゅうじょうけん う ば	뉴-죠-껭우리바	매표소
❷	大人 おとな	오토나	어른, 대인, 성인
❸	子ども こ	코도모	어린이
❹	個人 こ じん	코징	개인
❺	団体 だんたい	단타이	단체

221

106.mp3

매표소 チケット売り場 치켓토우리바	**요금** 料金 료-낑
할인 割引 와리비끼	**무료** 無料 무료-
한국어 韓国語 캉코쿠고	**팸플릿, 책자** パンフレット 팡후렛토
입장권 入場券 뉴-죠-껭	観光案内 観光案内
예매권 前売券 마에우리껭	**당일권** 当日券 토-지쯔껭
입구 入口 이리구치	**출구** 出口 데구치

이 패턴을 따라오세요

① 어른 한 장 주세요.

大人 1枚、お願いします。
<small>おとな　いちまい　　　　　　ねが</small>

오토나 이치마이, 오네가이시마스

학생 한 장

学生 1枚
<small>がくせい　いちまい</small>

각세- 이치마이

어른 두 장과 아이 두 장

大人 2枚と 子ども 2枚
<small>おとな　に まい　　こ　　　に まい</small>

오토나 니마이또 코도모 니마이

② 매표소는 어디에 있나요?

チケット売り場は どこに ありますか。
<small>う　　ば</small>

치켓토우리바와 도코니 아리마스까?

입구

入口
<small>いりぐち</small>

이리구치

출구

出口
<small>で ぐち</small>

데구치

화장실

トイレ

토이레

223

이럴 때, 어떻게 말하나요?

108.mp3

💬 **어른 두 장, 아이 한 장 주세요.**

大人 2枚と 子ども 1枚、お願いします。

오토나 니마이또 코도모 이치마이, 오네가이시마스

💬 **경로 할인은 가능한가요?**

シニア割引は できますか。

시니아와리비끼와 데키마스까?

> **tip**
>
> 학생 할인은 「学生割引(각세-와리비끼)」, 줄여서 「学割(가쿠와리)」라고 한답니다.

💬 **어린이 요금은 몇 살까지 가능한가요?**

子ども 料金は 何歳までですか。

코도모 료-낑와 난사이마데데스까?

💬 **6세 이하는 무료입니다.**

6歳 以下は 無料です。

록사이 이카와 무료-데스

💬 **매표소는 어디예요?**

チケット売り場は どこですか。

치켓토우리바와 도코데스까?

> **tip**
>
> 다른 표현도 넣어 말해 봅시다. 입구는 「入口(이리구치)」, 출구는 「出口(데구치)」라고 합니다.

224

💬 이쪽으로 입장하세요.

入場は こちらから お願いします。

뉴-죠-와 고치라까라 오네가이시마스

💬 층별 안내도를 1장 주세요.

フロアマップを 1枚 お願いします。

후로아맙푸오 이치마이 오네가이시마스

💬 관내 안내도는 어디에 있나요?

館内マップは どこに ありますか。

칸나이맙푸와 도코니 아리마스까?

💬 한국어 팸플릿이 있나요?

韓国語の パンフレットは ありますか。

캉코쿠고노 팡후렛토와 아리마스까?

💬 영업시간은 오전 10시부터 오후 8시까지입니다.

営業時間は 午前 10時から 午後 8時まで です。

에-교-지깡와 고젠 쥬-지까라 고고 하치지마데데스

tip

동물원이나 식물원 등의 문 여는 시간은 「開園時間(카이엔지깡)」, 미술관이나 박물관 등의 문 여는 시간은 「開館時間(카이깐지깡)」이라고 합니다.

'축제의 나라' 일본

일본어로 '축제'는 「祭り(마쓰리)」라고 하며, 일본은 '축제의 나라'라고 해도 과언이 아닐 정도로 다양한 축제를 엽니다. 『일본 마쓰리 문화 사전』에 따르면 일본에서는 약 1,200여 개에 달하는 축제가 열린다고 합니다. 일설에 의하면, 지역의 작은 제사 의식까지 포함하여 30만 개가량 열린다고 하니 그 수가 대단하지요? 그중 가장 유명한 일본의 3대 축제는 교토의 기온마쓰리(祇園祭り), 오사카의 덴진마쓰리(天神祭り), 도쿄의 '간다마쓰리(神田祭り)'입니다.

'기온마쓰리'는 교토 기온 지역의 야사카신사(八坂神社)를 중심으로 매년 7월 한 달간 열리는 축제로, 일본 헤이안 시대(794~1185)의 역병과 귀신 퇴치를 기원하며 영혼을 위로하는 어령회(御霊会)에서 유래하였다고 합니다. 기온마쓰리의 주요 행사는 야마보코(山鉾: 가마) 순행으로, 이는 산 모양으로 만든 가마에 신화에 나오는 인물의 인형을 태워 이동하는 행사입니다.

'덴진마쓰리'는 매년 7월 24일과 25일에 오사카텐만구(大阪天滿宮)에서 개최되는 대표적인 여름 축제로, 천 년이 넘는 역사를 가지고 있습니다. 이 축제는 일본의 학문의 신 스가와라노 미치자네(菅原道真)를 기리는 축제로, 전통 의상을 차려 입은 3천여 명의 참가자가 미코시(神輿: 신을 모신 가마)를 멘 긴 행렬이 강가까지 이어지는 행사인 리쿠토교(陸渡御)와 신령을 배에 태워 강에 띄워 보내는 행사인 후나토교(船渡御), 그리고 수상 불꽃놀이가 유명합니다.

마지막으로 '간다마쓰리'는 도쿄의 간다묘진(神田明神) 신사에서 5월 15일과 가장 가까운 주말에 개최되며, 200채가 넘는 성대한 가마 행렬인 신코사이(神幸祭)가 대표적인 행사입니다. 도쿠가와 이에야스(德川家康)가 세키가하라 전투를 앞두고 승리를 기원하는 제사를 드린 후, 1603년 9월 15일에 세키가하라 전투의 승리를 기념하여 성대한 축제를 벌였는데, 이후 이것이 간다마쓰리로 발전하였다고 합니다. 본래 이 축제는 매년 9월 15일경에 열렸는데, 1892년 태풍과 전염병을 피하기 위해 5월로 축제날을 바꾼 이래로 매년 5월에 열린다고 합니다. 일본 여행을 가게 된다면 일본의 축제도 꼭 즐겨 보시기를 바랍니다.

입장권 구매하기 (109.mp3)

어른 두 장, 아이 한 장 주세요.

大人 2枚と 子ども 1枚、お願いします。

오토나 니마이또 코도모 이치마이, 오네가이시마스

어른 두 명은 1,000엔, 아이가 300엔으로,
합계 1,300엔입니다.

大人 2人で 1000円と 子どもが
300円で、合計 1300円でございます。

오토나 후타리데 셍엔또 코도모가 삼뱌꾸엔데,
고-케- 센삼뱌꾸엔데고자이마스

[현금을 건네며] 여기 있어요.

はい、どうぞ。

하이, 도-조

네, 딱 맞게 받았습니다.
여기 입장권입니다. 즐거운 시간 보내세요.

はい、ちょうど いただきました。

하이, 쵸-도 이따다키마시타

こちらが チケットです。

どうぞ ごゆっくり お楽しみください。

고치라가 치켓토데스
도-조 고육꾸리 오타노시미구다사이

기념사진 찍기 (110.mp3)

사진 しゃしん 写真 샤싱	**카메라** カメラ 카메라
버튼 ボタン 보탕	**플래시** フラッシュ 후랏슈
잠깐 ちょっと 촛또	**촬영 금지** さつえいきんし 撮影禁止 사쯔에-킨시
경치 けしき 景色 케시키	

① 여기서 사진을 찍어도 되나요?

ここで 写真を 撮っても いいですか。

코코데 샤싱오 톳떼모 이이데스까?

플래시	켜도	커피	마셔도
フラッシュ	つけても	コーヒー	飲んでも
후랏슈	츠케떼모	코-히-	논데모

과자	먹어도	공놀이	해도
お菓子	食べても	ボール遊び	しても
오까시	타베떼모	보-루아소비	시떼모

이럴 때, 어떻게 말하나요?

💬 **저기, 잠시 괜찮으세요?** 〈부탁할 때〉

あの、ちょっと いいですか。

아노, 춋또 이이데스까?

💬 **저 펭귄이랑 같이 사진을 찍어 주시면 안 될까요?**

あの ペンギンと 一緒に 写真を 撮って もらえませんか。

아노 펭긴또 잇쑈니 샤싱오 톳떼 모라에마셍까?

💬 **이 경치를 배경으로 사진을 찍어 주세요.**

この 景色を バックに 写真を 撮って ください。

고노 케시키오 박쿠니 샤싱오 톳떼 구다사이

💬 **한 장 더 부탁합니다.**

もう 1枚 お願いします。

모- 이치마이 오네가이시마스

💬 **다른 카메라로도 부탁드려도 될까요?**

別の カメラでも お願いできますか。

베쯔노 카메라데모 오네가이데키마스까?

💬 오른쪽으로 좀 더 다가서 주세요.

少し 右に 寄って ください。

스꼬시 미기니 욧떼 구다사이

💬 흔들려서 한 장 더 찍을게요.

ぶれたので、もう 1枚 撮りますね。

부레따노데 모- 이치마이 토리마스네

💬 이번에는 세로로 찍을게요.

今度は 縦向きで 撮りますね。

콘도와 타테무키데 토리마스네

> **tip**
>
> 가로로 찍어 달라고 부탁할 때는 「横向きで 撮って ください(요코무키데 톳떼 구다사이)」라고 말합니다.

💬 여기서 사진을 찍어도 되나요?

ここで 写真を 撮っても いいですか。

고코데 샤싱오 톳떼모 이이데스까?

💬 죄송하지만, 여기는 촬영 금지입니다.

申し訳ありませんが、ここは 撮影禁止です。

모-시와케아리마셍가, 고코와 사쯔에-킨시데스

기념사진 찍기 ① (113.mp3)

> **죄송하지만, 사진 좀 찍어 주시겠어요?**
>
> **すみませんが、ちょっと 写真を 撮って**
> **もらえませんか。**
> 스미마셍가, 춋또 샤싱오 톳떼 모라에마셍까?

> **네, 좋아요.**
>
> **はい、いいですよ。**
> 하이, 이이데스요

> **[카메라를 건네며] 이 버튼을 눌러 주세요.**
> **감사합니다.**
>
> **この ボタンを 押して ください。**
> 고노 보탕오 오시떼 구다사이
>
> **ありがとうございます。**
> 아리가또-고자이마스

> **이 버튼이요? 알겠어요. 찍을게요. 김치!**
>
> **この ボタンですね。分かりました。**
> **じゃ、撮りますよ。**
> 고노 보탄데스네 와카리마시타
> 쟈, 토리마스요
>
> **はい、チーズ!**
> 하이, 치-즈!

233

기념사진 찍기 ② (114.mp3)

여기서 사진을 찍어도 되나요?

ここで 写真を 撮っても いいですか。

고코데 샤싱오 톳떼모 이이데스까?

네, 괜찮습니다.

はい、大丈夫です。

하이, 다이죠-부데스

플래시를 켜도 되나요?

フラッシュを つけても いいですか。

후랏슈오 츠케떼모 이이데스까?

아니요, 플래시 사용은 삼가 주세요.

いいえ、フラッシュの ご使用は
お控えください。

이-에, 후랏슈노 고시요-와 오히카에구다사이

쉬어갑시다

일본의 알프스, 가미코치

+그리고 나가노현

가미코치는 일본의 나가노현에 있는 산악 명승지입니다.

저는 5월에 다녀왔는데요, (옷차림도 봄이었습니다 ✿)
해발 1500m 정도 되는 곳이라 그런지 산 아래랑은 다르게 눈도 내리고 무지 추웠습니다. 하지만 자연이 주는 위대한 풍경은 추위에도 발길을 멈추게 만들더군요!
따뜻하게 입고 갔다면 느긋하게 하이킹을 했을텐데 아쉽지만 다음을 기약해봅니다 :)

가미코치에서는 셔틀버스를 타야해서 미리 시간을 확인해두는 게 좋습니다!
*주말이나 공휴일은 줄이 길어요.

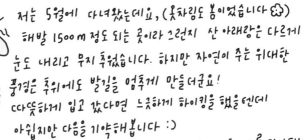

ABOUT 나가노현

나가노현은 제가 일본 여행지중 가장 좋아하는 곳 중 하나입니다.

추운곳에서 자라는 키가 크고 뾰족한 나무들

코 끝에 스치는 차갑고 신선한 공기. 한여름은 덥지만요 ☺

차창 밖으로 보이는 넓은 하늘

들러보면 좋은 곳

- 하쿠바 산 : 겨울 스키 명소
- 타테시나 잉글리쉬 가든 : 가을에 가면 호박축제를 해요. 10년치 볼 호박을 전부 구경한 느낌 ✧

- 로쿠잔 미술관 : 교회를 개조해서 만든 소박하고 아담한 미술관.

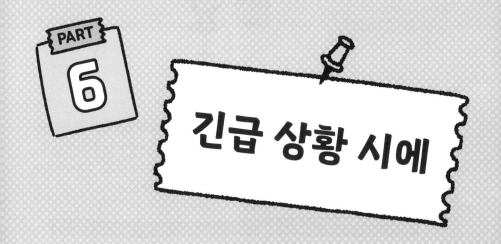

PART

6

긴급 상황 시에

물건을 잃어버렸을 때 115.mp3

지하철, 백화점 등에서 물건을 잃어버렸을 때는 유실물 센터를 찾아갑니다. 유
실물 센터는 일본어로 보통 「忘れ物センター(와스레모노센타-)」라고 하는데,
「遺失物センター(이시쯔부쯔센타-)」, 「お忘れ物承り所(오와스레모노우케타마와리
죠)」, 「忘れ物取扱所(와스레모노토리아쯔카이죠)」라고도 합니다.

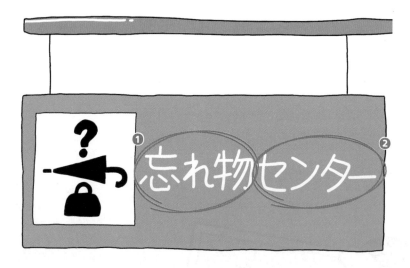

❶	忘れ物	와스레모노	분실물, 유실물
❷	センター	센타-	센터

이 단어를 따라오세요

파출소 こうばん 交番 코-방	**경찰** けいさつ 警察 케-사쯔
도둑 どろぼう 泥棒 도로보-	**분실 신고(서)** い しつとどけ 遺失届 이시쯔토도케
여권 パスポート 파스포-토	**스마트폰, 핸드폰** スマホ 스마호
지갑 さい ふ 財布 사이후	

① 가방을 잃어버렸습니다.

バッグを なくしました。
박구오 나쿠시마시타

지갑
財布
사이후

여권
パスポート
파스포-토

스마트폰
スマホ
스마호

② 신칸센에 우산을 두고 내렸어요.

新幹線に 傘を 置き忘れました。
싱칸센니 카사오 오키와스레마시타

택시
タクシー
타쿠시-

지갑
財布
사이후

버스
バス
바스

슈퍼에서 산 물건
スーパーで 買ったもの
스-파-데 캇따모노

이럴 때, 어떻게 말하나요?

💬 **여권을 잃어버렸어요.**

パスポートを なくしました。

파스포-토오 나쿠시마시타

> **tip**
>
> 자신의 소지품을 넣어 표현해 봅시다. 신용 카드는 「クレジットカード(크레짓토카-도)」, 가방은 「かばん(카방)」, 장바구니는 「ショッピングバッグ(숍핑구박구)」, 지갑은 「財布(사이후)」라고 한답니다.

💬 **가방을 도둑맞았어요.**

かばんを 盗まれました。

카방오 누스마레마시타

💬 **지갑을 소매치기 당했어요.**

財布を すられました。

사이후오 스라레마시타

💬 **전철 안에 가방을 두고 내렸어요.**

電車に バッグを 置き忘れました。

덴샤니 박구오 오키와스레마시타

> **tip**
>
> '전철'을 뜻하는 「電車(덴샤)」 대신 다른 교통수단을 넣어 말해 봅시다. 택시는 「タクシー(타쿠시-)」, 버스는 「バス(바스)」, 지하철은 「地下鉄(치카테쯔)」라고 한답니다.

💬 **가방을 여기에 놓았는데, 없어졌어요.**

かばんを ここに 置いたのですが、なくなって しまいました。

카방오 고코니 오이따노데스가, 나쿠낫떼 시마이마시타

💬 **안에 뭐가 들어 있나요?**

中に 何が 入って いますか。

나카니 나니가 하잇떼 이마스까?

💬 **가방 안에 여권이 들어 있어요.**

かばんの 中に パスポートが 入って います。

카반노 나카니 파스포-토가 하잇떼 이마스

💬 **찾으면 연락드리겠습니다.**

見つかりましたら、ご連絡いたします。

미츠카리마시따라, 고렌라쿠이따시마스

💬 **파출소는 어디에 있나요?**

交番は どこに ありますか。

코-방와 도코니 아리마스까?

> **tip**
>
> 도움을 청할 곳을 알아보세요. 한국 대사관은 「韓国大使館(캉코쿠타이시깡)」, (백화점, 관광지 등의) 안내소, 안내 데스크는 「案内所(안나이죠)・インフォメーションカウンター(잉훠메-숑카운타-)・サービスカウンター(사-비스카운타-)」, 유실물 센터는 「忘れ物センター(와스레모노센타-)」라고 합니다.

💬 경찰에 신고해 주세요.

警察に 通報 お願いします。

케-사쯔니 쯔-호- 오네가이시마스

> **tip**
> 일본에서 분실, 범죄 등 긴급 상황이 발생하여 경찰에 신고할 때는 한국과 달리 110(햐쿠토-방)으로 전화를 해야 합니다. 참고로 소방서는 한국과 마찬가지로 119(햐쿠쥬-큐-방)입니다. 또한 여권 등을 분실한 경우, 주일본대한민국대사관(+81-3-3455-2601)에 도움을 청합니다.

💬 파출소에 가서 바로 분실 신고를 하세요.

交番に 行って、すぐに 遺失届を 出して ください。

코-방니 잇떼, 스구니 이시쯔토도케오 다시떼 구다사이

💬 어디로 찾으러 가면 되나요?

どこに 取りに 行けば いいですか。

도코니 토리니 이케바 이이데스까?

💬 내일 찾으러 갈 테니 맡아 주실 수 있나요?

明日 取りに 行きますので 預かって いただけますか。

아시타 토리니 이키마스노데 아즈캇떼 이따다케마스까?

💬 한국어를 할 수 있는 분을 불러 주세요.

韓国語が できる 方を 呼んで ください。

캉코쿠고가 데키루 카타오 욘데 구다사이

6 긴급 상황 시에

물건을 잃어버렸을 때 (119.mp3)

실례합니다.

すみません。
스미마셍

네, 무슨 일이세요?

はい、何^{なん}でしょうか。
하이, 난데쇼-까?

전철에서 핸드폰을 잃어버렸는데,
유실물 센터는 어디에 있나요?

電車^{でんしゃ}で スマホを なくしたんですが、
忘^{わす}れ物^{もの}センターは どこに ありますか。
덴샤데 스마호오 나쿠시딴데스가,
와스레모노센타-와 도코니 아리마스까?

유실물 센터는 1층 개찰구 바로 옆이에요.

忘^{わす}れ物^{もの}センターは 1階^{いっかい}の 改札口^{かいさつぐち}の

すぐ そばです。
와스레모노센타-와 익까이노 카이사쯔구치노
스구 소바데스

몸이 아플 때 (120.mp3)

몸이 아플 때는 근처 병원이나 약국을 찾아갑시다. 의사의 처방전을 토대로 약사가 조제하는 조제 약국은 「薬局(약꾜쿠)」, 약품·화장품·식품 등을 파는 드럭스토어는 「ドラッグストア(도락구스토아)」라고 합니다.

❶	病院	뵤-잉	병원
❷	処方せん	쇼호-셍	처방전
❸	救命救急センター	큐-메-큐-큐-센타-	응급실
❹	薬局	약꾜쿠	약국

이 단어를 따라오세요

121.mp3

눈 め 目 메	**치아** は 歯 하
목, 인후, 목구멍 のど 노도	**어깨** かた 肩 카타
배 なか お腹 오나카	**허리** こし 腰 코시
다리 あし 足 아시	**의사** いしゃ 医者 이샤
머리 あたま 頭 아타마	
아프다 いた 痛い 이타이	**약** くすり 쿠스리

감기 風邪 카제	**상처** けが 케가
열 熱 네쯔	**콧물** 鼻水 하나미즈
기침 せき 세키	**어지럼증, 현기증** めまい 메마이
구역질, 메스꺼움 吐き気 하키케	**두통약** 頭痛薬 즈쯔-야쿠
감기약 風邪薬 카제구스리	

① 머리가 아파요. **두통약을** 주세요.

あたま
頭が 痛いです。頭痛薬を ください。
아타마가 이타이데스 즈쯔-야쿠오 구다사이

목, 인후 | **감기약** | **배** | **위장약, 소화제**

のど | 風邪薬 | お腹 | 胃腸薬
노도 | 카제구스리 | 오나카 | 이쵸-야쿠

② 의사 선생님을 불러 주세요.

お医者さんを 呼んで ください。
오이샤상오 욘데 구다사이

경찰 | **구급차** | **점원**

警察 | 救急車 | 店員さん
케-사쯔 | 큐-큐-샤 | 텡인상

248

이럴 때, 어떻게 말하나요?

💬 **근처 병원은 어디인가요?**

近くの 病院は どこですか。

치카쿠노 뵤-잉와 도코데스까?

💬 **몸 상태가 안 좋아요.**

具合が 悪いです。

구아이가 와루이데스

💬 **어떤 증상이 있나요?**

どんな 症状が ありますか。

돈나 쇼-죠-가 아리마스까?

💬 **어지러워요.**

めまいが するんです。

메마이가 스룬데스

💬 **배가 아파요. 위장약을 주세요.**

お腹が 痛いです。胃腸薬を ください。

오나카가 이타이데스   이쵸-야쿠오 구다사이

> **tip**
>
> 위장약은 「胃薬(이구스리)」라고도 말합니다.

💬 메스꺼워요.

吐き気が するんです。

하키케가 스룬데스

💬 한기가 들어요.

寒気が するんです。

사무케가 스룬데스

💬 열이 나요.

熱が 出ます。

네쯔가 데마스

💬 벌레에게 물렸어요.

虫に 刺されました。

무시니 사사레마시타

💬 두통약 주세요.

頭痛薬を ください。

즈쯔-야쿠오 구다사이

💬 하루에 몇 번 복용하면 되나요?

1日 何回 飲めば いいですか。

이치니치 낭카이 노메바 이이데스까?

💬 이 약을 하루에 2번, 식후에 드세요.

この 薬を 1日 2回 食後に 飲んで ください。

고노 쿠스리오 이치니치 니카이, 쇼쿠고니 논데 구다사이

💬 약을 먹고 알레르기가 일어난 적이 있나요?

薬を 飲んで アレルギーを 起こした ことが ありますか。

쿠스리오 논데 아레루기-오 오코시타 코토가 아리마스까?

💬 이 약을 먹는 동안에 음주는 삼가 주세요.

この 薬を 飲んでいる 間は 飲酒は 控えて ください。

고노 쿠스리오 논데이루 아이다와 인슈와 히카에떼 구다사이

💬 구급차를 불러 주세요.

救急車を 呼んで ください。

큐-큐-샤오 욘데 구다사이

더 알아봅시다

식중독	과식	속이 더부룩함, 체함
しょくちゅうどく **食中毒** 쇼쿠츄-도쿠	た **食べすぎ** 타베스기	い **胃もたれ** 이모타레
설사	근육통	가려움
げ り **下痢** 게리	きんにくつう **筋肉痛** 킨니쿠쯔-	**かゆみ** 카유미
어깨 결림	화상	재채기
かた **肩こり** 카타코리	**やけど** 야케도	**くしゃみ** 쿠샤미
해열제	지사제, 설사약	멀미약
げ ねつざい **解熱剤** 게네쯔자이	げ り ど **下痢止め** 게리도메	よ ど **酔い止め** 요이도메
안약, 인공 눈물	비염약	가려움증약
め ぐすり **目薬** 메구스리	び えんやく **鼻炎薬** 비엥야쿠	かゆみ ど **かゆみ止め** 카유미도메
진통제	연고	반창고
いた ど **痛み止め** 이타미도메	なんこう **軟膏** 낭코-	ばんそうこう **絆創膏** 반소-코-

몸이 아플 때 124.mp3

저기요, 감기약 있나요?

すみません、風邪薬 ありますか。

스미마셍, 카제구스리 아리마스까?

어떤 증상이 있나요?

どんな 症状が ありますか。

돈나 쇼-죠-가 아리마스까?

목이 아프고 기침도 나요.

のどが 痛くて、せきも 出ます。

노도가 이타쿠떼, 세키모 데마스

그러면, 이 감기약을 드세요.

でしたら、こちらの 風邪薬を どうぞ。

데시따라, 고치라노 카제구스리오 도-조

고양이를 사랑하는 일본

일본의 식당 입구에서는 앞발을 들어 사람을 부르는 시늉을 하며 손님을 반갑게 맞이하는 고양이 장식품을 흔히 볼 수 있는데, 이 장식품은 일본어로 '(복을) 부르는 고양이'라는 의미인 '마네키네코(招き猫)'라고 합니다.

오른쪽 앞발을 들고 있는 고양이는 '돈과 행운'을 불러오고, 왼쪽 앞발을 들고 있는 고양이는 '손님이나 친구'를 불러온다고 합니다. 양쪽 앞발을 들고 있는 고양이는 사람과 행운을 함께 불러온다는 의미겠지요?

또한 흰색 고양이는 복(福), 금색 고양이는 금전운을 상징하며, 검은 고양이는 마귀를 퇴치하고, 붉은 고양이는 병을 예방한다고 합니다. 마네키네코를 곁에 두면 여러 행운이 온다고 생각하는 걸 보면 일본인이 얼마나 고양이를 사랑하는지 알 수 있지요?

고양이를 사랑하는 일본에는 '고양이 섬'이라 불리는 '아이노시마섬(相島)'이 있습니다. 아이노시마섬은 일본의 규슈 지방에 있는 후쿠오카현(福岡県) 신구마치(新宮町)에서 북서쪽으로 약 7.5Km 떨어진 바다에 있는 섬입니다.

아이노시마항에 내리면 마중 나온 고양이와 마주치게 되는데, 이곳에서는 수백 마리의 고양이가 사람과 함께 살아가고 있습니다. 어촌 마을인 아이노시마섬에서 어업 도구에 피해를 주는 쥐를 퇴치하기 위해 고양이를 키운 것이 그 시작으로, 쥐를 없애 주고 낚시꾼에게 생선을 얻어먹으며 섬 주민과 함께 생활해 온 고양이들은 점점 개체 수가 늘어나 아이노시마섬은 '고양이 섬'으로 유명해졌으며, 2013년 미국 CNN에서 세계 6대 고양이 명소로 선정되기도 했습니다.

참고로 일본에서는 2월 22일을 '고양이의 날(猫の日)'로 정하고, 고양이에 관련된 각종 행사를 엽니다. 1987년에 일본의 고양이의 날 제정위원회에서 전국의 고양이를 사랑하는 사람들로부터 의견을 받아 결정하였다고 하는데, 일본어로 숫자 '2'의 발음이 고양이 울음소리를 뜻하는 「にゃん(냥)」과 비슷한 것이 그 이유라고 합니다.

나만의 일본 여행 일본어

지은이 이은미
펴낸이 정규도
펴낸곳 (주)다락원

초판 1쇄 발행 2023년 11월 27일
초판 2쇄 발행 2024년 2월 9일

책임편집 이지현, 송화록
디자인 피차
삽화 메이인유, 장서영
사진 Shutterstock

다락원 경기도 파주시 문발로 211
내용문의: (02)736-2031 내선 460~465
구입문의: (02)736-2031 내선 250~252
Fax: (02)732-2037
출판등록 1977년 9월 16일 제406-2008-000007호

ISBN 978-89-277-1284-8 13730

http://www.darakwon.co.kr

- 다락원 홈페이지를 방문하시면 상세한 출판 정보와 함께 동영상강좌, MP3 자료 등
  다양한 어학 정보를 얻으실 수 있습니다.
- 다락원 홈페이지에서 「나만의 일본 여행 일본어」를 검색하거나 표지의 QR코드를
  스캔하면 MP3 파일을 듣거나 다운로드 할 수 있습니다.